国家级职业教育规划教材
全国职业院校汽车类专业新形态**工作手册式教材**
全国技工院校汽车类专业**工学一体化教材**

汽车空调系统检测与维修

中德诺浩汽车职业教育研究院　组织编写
主编　吕丕华

中国劳动社会保障出版社

内容简介

本书是全国职业院校汽车类专业新形态工作手册式教材 / 全国技工院校汽车类专业工学一体化教材，由中德诺浩汽车职业教育研究院组织开发。全书共包含 4 个学习情境、16 个学习任务，内容涵盖空调系统机械部件拆装与更换、空调系统压力检测、空调系统电路检查与修理、空调系统电器元件检查与更换等内容。

本书可作为全国职业院校与技工院校汽车类专业教学用书，也可作为汽车售后服务企业相关技术人员与社会人士培训参考用书。

本套教材由吕丕华主编，本书由温江杰负责编写。

图书在版编目（CIP）数据

汽车空调系统检测与维修 / 吕丕华主编. -- 北京：中国劳动社会保障出版社，2022

全国职业院校汽车类专业新形态工作手册式教材　全国技工院校汽车类专业工学一体化教材

ISBN 978-7-5167-5666-9

Ⅰ. ①汽… Ⅱ. ①吕… Ⅲ. ①汽车空调 – 故障检测 – 职业教育 – 教材②汽车空调 – 车辆修理 – 职业教育 – 教材 Ⅳ. ①U472.41

中国版本图书馆 CIP 数据核字（2022）第 220375 号

中国劳动社会保障出版社出版发行

（北京市惠新东街 1 号　邮政编码：100029）

*

北京市白帆印务有限公司印刷装订　　新华书店经销

880 毫米 ×1230 毫米　16 开本　9.5 印张　232 千字

2022 年 12 月第 1 版　　2025 年 7 月第 4 次印刷

定价：30.00 元

营销中心电话：400-606-6496

出版社网址：http://www.class.com.cn

http://jg.class.com.cn

当前，我国正在加快实施“中国制造2025”计划，处于由制造大国向制造强国、由人力资源大国向人力资源强国发展的重要时期，党和国家为此制定了一系列科教兴国、人才强国的战略措施。

在人才队伍中，工作在生产一线的技能型人才是重要基础。高素质技能型人才队伍是推动经济社会发展的重要保障，职业教育是培养高素质技能型人才的主要渠道。尽管世界各国国情不同，发展职业教育的条件、政策和具体措施各异，但无论发达国家还是新兴工业化国家，均普遍重视职业教育在培养高素质技能型人才中的重要作用，把发展职业教育作为人力资源开发、振兴经济、增强国力的战略选择。

德国的职业教育水平处于世界领先地位。德国经济在世界金融危机中之所以依然稳健发展，与其因职业教育发达而拥有大量的高素质技能型人才是分不开的。完备的法律制度和各方面的高度重视，为德国的职业教育发展提供了有力保障。德国的双元制职业教育制度将劳动人事制度与教育制度有机地结合在一起。学校和企业都是培养人才的主体，并承担相应责任，学校和企业的教学计划、形式和内容虽各有侧重，但又相互联系，且均以工作任务为教学载体，将技能学习和训练、理论学习和运用有机结合，充分发挥学生在教学中的主体作用，着力培养学生承担社会责任的能力、独立发现和解决问题的能力、在实践中自主学习的能力。

改革开放以来，我国在借鉴国外先进职业教育经验方面取得了可喜成就。我国职业教育的对外交流与合作就是从借鉴和学习德国经验开始的，中德诺浩（北京）教育科技股份有限公司为此做了积极而有效的探索。

长期以来，该公司致力于引进德国的汽车职业教育资源，与德国手工业协会合作，在国内与以德国品牌为主的汽车合资企业和各类职业院校共同开展教育工作。经过多年的探索，结合我国国情，该公司成功地

引进德国汽车职业教育的课程体系、教学素材和教学方法，并结合互联网手段进行了全方位本土化，在此基础上与 300 多所职业院校联手，为我国汽车维修企业培养了大批优秀人才。与此同时，该公司组织中德两国的汽车技术专家、经验丰富的维修技师和职业教育专家，共同编写了职业院校汽车类专业新形态工作手册式教材。这套教材以培养高技能人才为目标，内容选自实际操作，既“原汁原味”地吸纳了德国经验，又结合我国实际情况充实了教学内容，推动我国汽车维修技能型人才的培养与世界接轨。我期待其在我国培养国际标准汽车高技能人才方面发挥出重要作用，在中国由汽车大国向汽车强国迈进的征程中做出应有的贡献。

唐天标

（本序作者系第十一届全国人大常委会委员、第十一届全国人大教科文卫委员会副主任委员，原中国人民解放军总政治部副主任，上将军衔）

前言

职业教育是国民教育体系和人力资源开发的重要组成部分，肩负着培养多样化人才、传承技术技能、促进就业创业的重要职责。随着新型工业化的推进和科学技术的发展，现代职业教育体系越来越成为国家竞争力的重要支撑。为贯彻落实全国职业教育大会精神，推动现代职业教育高质量发展，加快构建现代职业教育体系，建设技能型社会，弘扬工匠精神，培养更多高素质技术技能人才、能工巧匠、大国工匠，满足我国汽车产业迅猛发展对高端技术技能型汽车人才的需求，中德诺浩在总结多年来将德国汽车职业教育中国本土化经验的基础上，编写了这套职业院校汽车类专业新形态工作手册式教材。

本套教材将理论基础和实践应用有机结合，在引领学生学习汽车专业知识的同时培养学生实际操作技能，具有以下特点：

（1）以企业一线任务为引导，将理论知识与实践技能进行完美结合。

（2）集图、文、声、像于一体，为学生提供多种形式的学习素材。

（3）采用四色印刷，版面简洁清晰、主题明确、色彩清新。

（4）本套教材配有丰富的数字化教学资源，学生可通过扫描每本书专属的封面二维码进行浏览和自学。

本套教材由中德诺浩汽车职业教育研究院组织编写，编写方式充分发挥了学生的主体地位，优化了课堂设计，便于调动学生的学习积极性和主动性，还可培养学生的创新意识和创新能力。

本套教材是职业院校汽车类专业核心课程教材，同时也可供从事汽车研究、设计、制造、使用和维修的工程技术人员学习和参考。

由于时间紧、任务重，本书内容难免有不恰当和错误之处，敬请广大读者批评指正！

编者

2022 年 10 月

目录
CONTENTS

情境一

空调系统机械部件拆装与更换

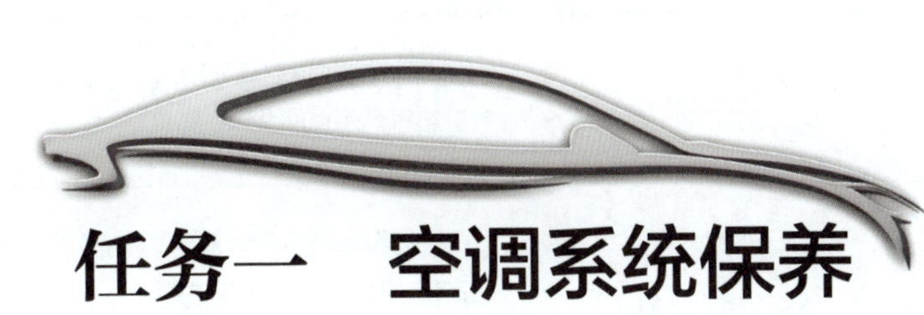

任务一　空调系统保养

<table>
<tr><td colspan="6">空调系统保养任务工单</td></tr>
<tr><td>客户信息</td><td>姓名</td><td></td><td>电话</td><td colspan="2"></td></tr>
<tr><td rowspan="2">车辆信息</td><td colspan="2">车型</td><td colspan="2">VIN 码</td><td>行驶里程</td></tr>
<tr><td colspan="2"></td><td colspan="2"></td><td></td></tr>
<tr><td>客户描述</td><td colspan="5">空调系统保养 □　空调系统不制冷 □　鼓风机不运转 □
空调系统制冷效果差 □　冷却风扇不运转 □　冷却风扇运转不良 □
空调出风口温度无法调节 □　空调运转时伴有异响 □　空调异味 □
其他：</td></tr>
<tr><td colspan="3">车辆外观检查</td><td colspan="3">车辆内部检查</td></tr>
<tr><td>凹凸 □
划痕 □
石击 □
油漆 □</td><td colspan="2"></td><td>污渍 □
破损 □
色斑 □
变形 □</td><td colspan="2"></td></tr>
<tr><td>明确具体工作任务</td><td colspan="5"></td></tr>
</table>

任务目标

- 能够对汽车空调系统进行保养
- 能够规范完成汽车空调系统所有检查项目

任务内容

- 汽车空调系统的作用与组成
- 汽车空调系统检查内容与方法
- 汽车空调系统保养内容与方法

续表

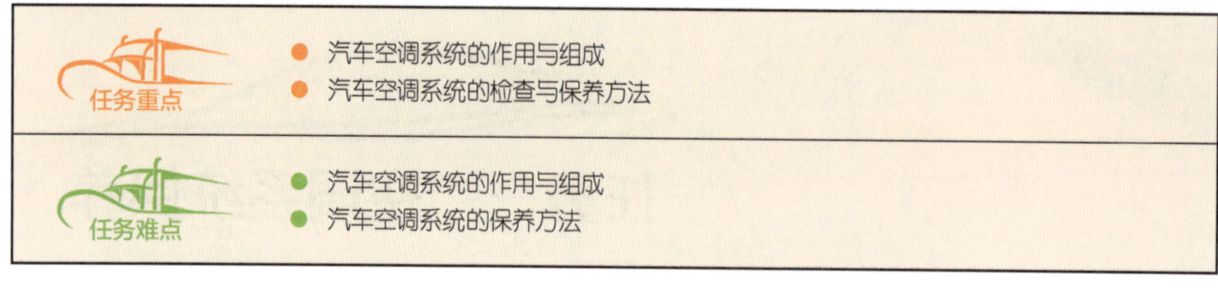

任务重点	● 汽车空调系统的作用与组成 ● 汽车空调系统的检查与保养方法
任务难点	● 汽车空调系统的作用与组成 ● 汽车空调系统的保养方法

一、知识讲解

（一）汽车空调系统的作用与组成

1. 汽车空调系统的作用

汽车空调系统是建立和保持车内的人工气候环境，保证车内驾乘人员的健康和舒适，以及行车安全必不可少的系统。其主要作用是对车内空气的温度、湿度和洁净度等进行调整，使车内空气清洁、温度和湿度适宜，满足驾驶员和乘客的舒适需求，并能预防或去除风窗玻璃上的水雾和霜雪等，确保驾驶员视野开阔和行车安全，如图 1–1 所示。

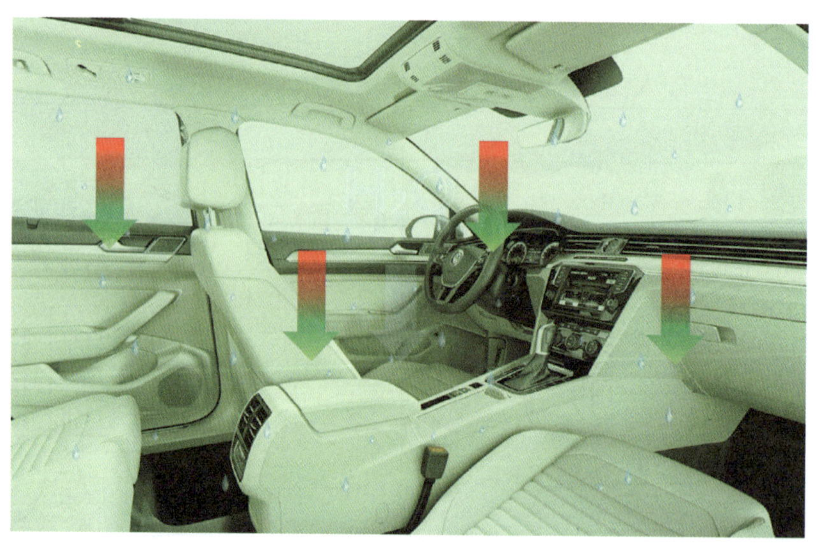

图 1–1　汽车空调系统的作用

2. 汽车空调系统的组成

汽车空调系统主要由制冷系统、暖风系统、控制系统、通风与空气净化系统等组成，如图 1–2 所示。

制冷系统的主要作用是将通风与空气净化系统引入到车内的空气降温，并带走其中的水分，从而降低炎热夏季车内空气的温度和湿度，如图 1–3 所示。

暖风系统与制冷系统恰恰相反，其主要作用是将通风与空气净化系统引入到车内的空气加热，从而提高寒冷冬季车内空气的温度，如图 1–3 所示。

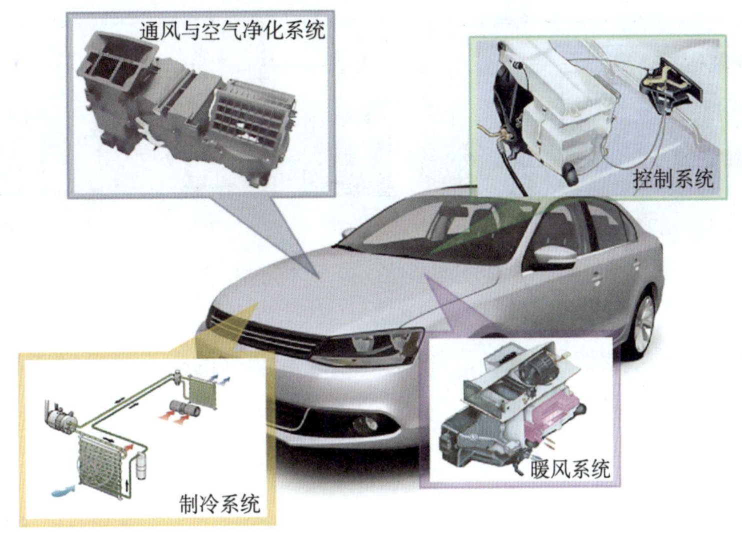

图 1-2 汽车空调系统的组成

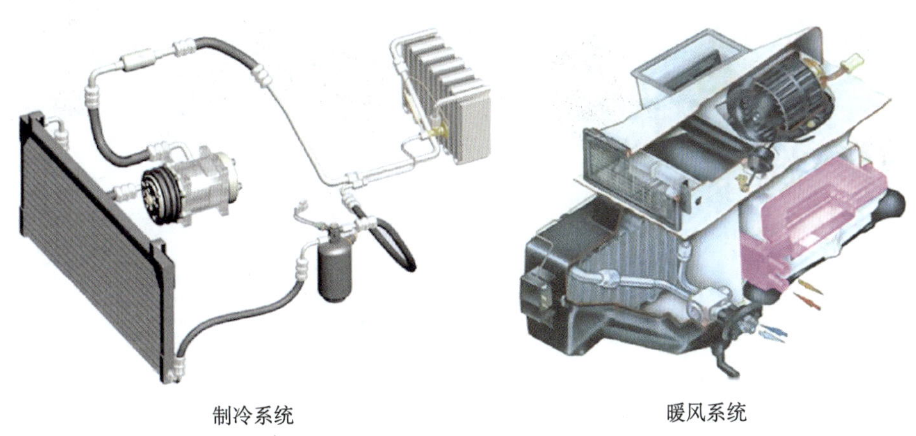

图 1-3 制冷系统与暖风系统

控制系统（见图 1-4）的主要作用是根据驾驶员或乘客意愿对空调系统进行操作控制，从而实现车内空气温度与湿度调节及风窗玻璃除霜等功能。汽车空调根据控制系统操作方式不同分为手动控制式空调（简称手动空调）和自动控制式空调（简称自动空调），如图 1-5 所示。

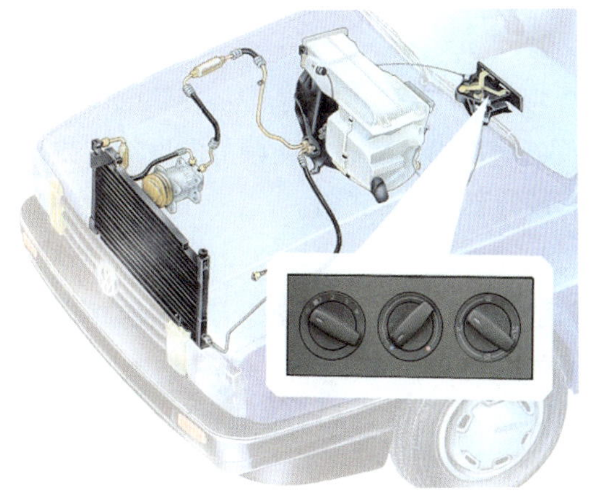

图 1-4 控制系统

自动空调控制面板　　　手动空调控制面板

图 1-5　自动空调与手动空调

通风与空气净化系统的主要作用是通过强制通风装置将车外的空气经过过滤与净化后，送入车内，并根据驾驶员的意愿对出风口模式进行调节，如图 1-6 所示。

图 1-6　通风与空气净化系统

（二）汽车空调系统的检查与保养

1. 空调系统的检查

对空调系统进行检查时，重点检查空调系统各个功能是否正常，主要包括鼓风机检查、温度调节检查和出风口模式检查。

（1）鼓风机检查

将出风口模式调至“面部出风”，打开鼓风机并依次在每个挡位停留，感觉面部出风口风速大小以判断鼓风机转动情况。

（2）温度调节检查

打开鼓风机并调至最大风速挡，打开空调开关（A/C 开关）并调节出风口模式为“面部出风”，将出风口温度计放入面部出风口中，检测出风口温度。调节温度旋钮或拉杆，观察其在不同位置时，出风口温度变化是否正常，并检测最低温度是否正常。

（3）出风口模式检查

打开鼓风机并调至最大风速挡，旋转出风口模式旋钮，使其依次在“除霜”“除霜 / 脚部出风”“脚部 / 面部出风”“面部出风”位置各停留一段时间，检查对应出风口位置出风是否正常。

2. 空调系统的保养

（1）冷凝器的检查与清洁

冷凝器是空调制冷系统的重要组成部件，制冷系统通过它来散发从车内带出来的热量，从而保证车内的热量交换。它与发动机散热器的结构和工作原理相似，因此，在对其进行保养时，应重点检查其外部散热片是否变形和堵塞，如图 1-7 所示。若发生变形，则需要对其散热片进行矫正；若有异物堵塞，应使用高压气体或喷雾器从发动机舱向车辆正前方对其散热片进行疏通（注意：不可直接采用高压水枪冲击散热片）。

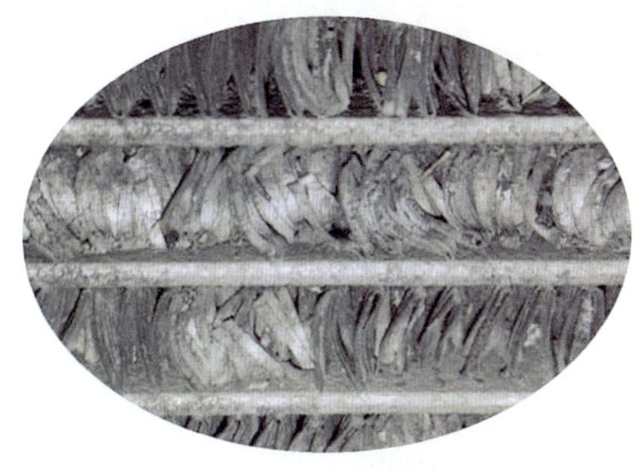
变形的冷凝器散热片

被异物堵塞的冷凝器表面

图 1-7 发生变形和堵塞的冷凝器

（2）空调进气滤芯的清洁与更换

空调进气滤芯简称空调滤芯，是安装在空调通风与空气净化系统鼓风机前端的空气净化装置，如图 1-8 所示。当开启车内室外循环模式时，外界的空气通过空调滤芯过滤后进入车内，保证车内空气的清洁。在对汽车进行保养时，应定期检查空调滤芯的清洁情况，污染不严重的情况下可以采用高压空气对其表面进行吹尘清理，若污染严重则应更换。

图 1-8 空调滤芯的安装位置

二、任务准备

在完成本任务所需的物品下面打“√”号。

		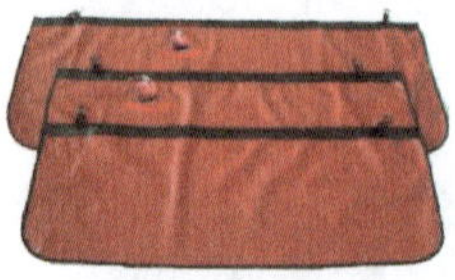	
扭力扳手	工具车	三件套	吹尘枪
		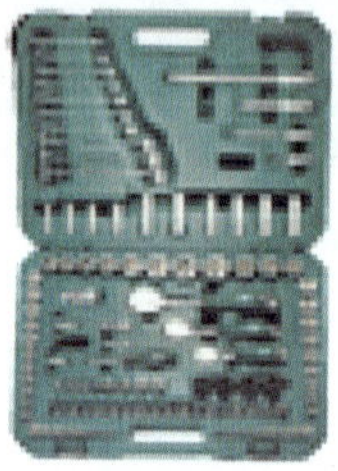	
万用表	工作灯	工具套装	抹布

温度计	工作台	零件车	台虎钳

尖嘴钳	歧管压力表	制冷剂加注回收机	真空泵（两用）

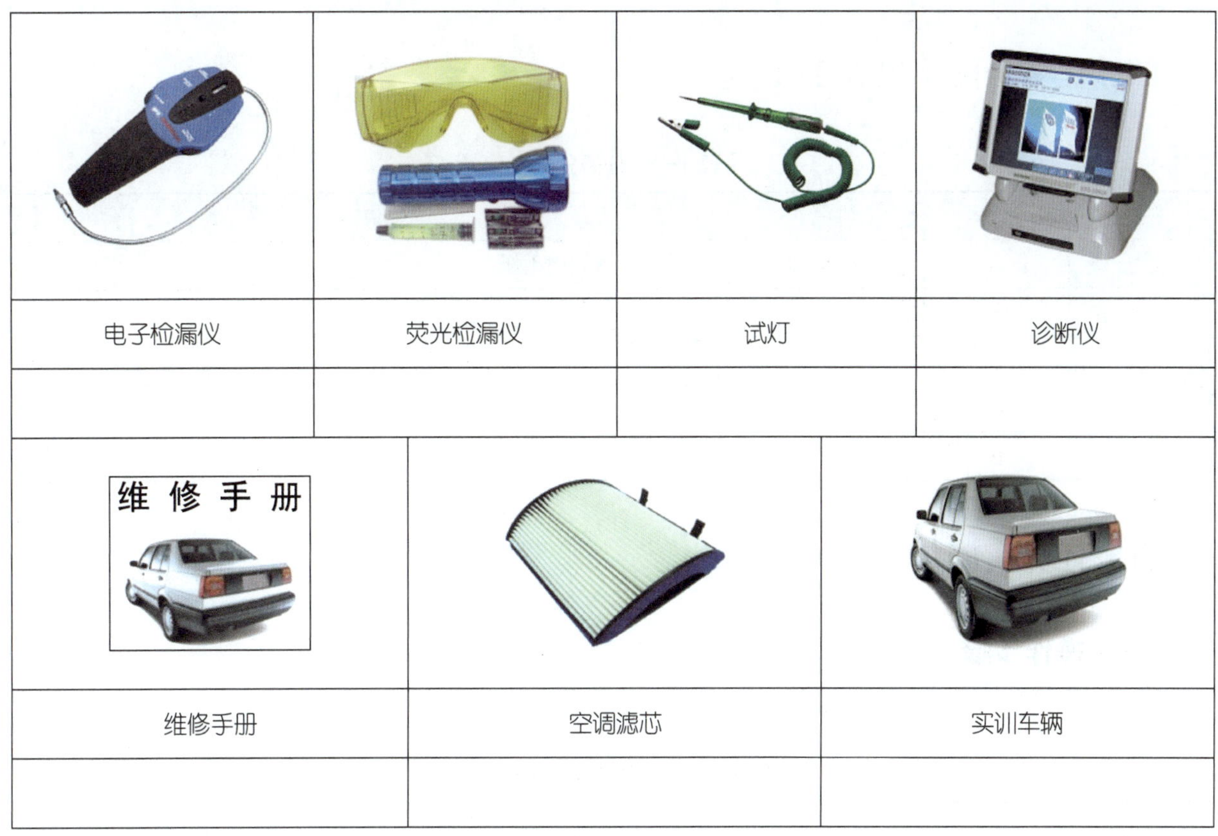

电子检漏仪	荧光检漏仪	试灯	诊断仪

维修手册	空调滤芯	实训车辆

三、防护措施

➢ 进入车间应穿工鞋，戴工帽，工作服应整洁、尢破损，操作时不可佩戴手表等金属饰品，以防划伤车辆表面。

➢ 启动车辆时，应通知其他人员远离车辆，注意安全。

➢ 更换后的零配件及油液应按规定回收处理。

识别下列三幅车间操作图片，勾选出操作正确的图片。

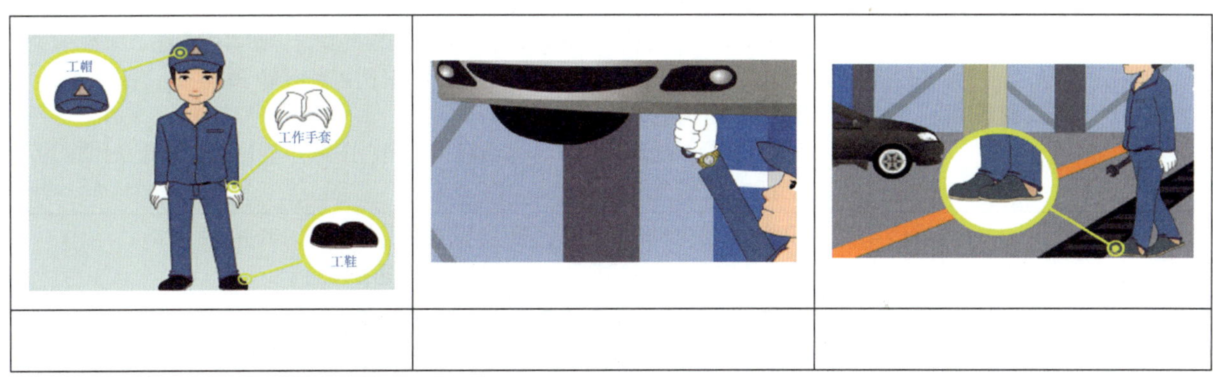

四、任务分配（见表 1-1）

表 1-1　任务分配表

职务	代码	姓名	工作内容
组长	A		监督、管理组员工作
组员	B		准备实训所需辅料及零配件
	C		
	D		准备实训所需工具及手册
	E		

五、任务实施

（一）操作步骤

完成表 1-2 中工作内容的排序。

表 1-2　空调系统保养操作步骤

序号	项目	工作内容
1	安全防护及工作准备	（1）铺设车内防护四件套 （2）打开发动机舱盖，铺设三件套
	鼓风机检查	（1）坐进车内，启动发动机 （2）将出风口模式调至“面部出风” （3）打开鼓风机，并依次在每个挡位停留，检查其出风口风速的大小 （4）检查鼓风机在工作时是否存在异响
	温度调节检查	（1）将鼓风机调至最大风速挡，打开空调 A/C 开关并调节出风口模式为“面部出风”，将温度调至最低温度 （2）使用出风口温度计测量出风口温度，低于 10 ℃即为正常 （3）调节温度旋钮，观察其在不同位置时，出风口温度是否正常
	出风口模式检查	（1）将鼓风机调至最大风速挡，旋转出风口模式旋钮，使其依次在“除霜”“除霜 / 脚部出风”“脚部 / 面部出风”“面部出风”位置各停留一段时间，并检查在上述位置时出风是否正常 （2）关闭或打开出风口开关，检查其工作是否正常；上下、左右调节出风口方向，检查其工作是否正常
5	冷凝器检查与清洁	（1）检查冷凝器散热片是否变形，若发生变形则需要对其进行矫正 （2）使用高压气体或喷雾器对散热片进行疏通和清洁
	空调滤芯清洁与更换	（1）拆卸右前风挡前侧的黑色饰板，并取下空调滤芯 （2）检查空调滤芯的清洁情况，若污染不严重，可以采用高压空气对其表面进行吹尘清理 （3）若空调滤芯污染严重，则更换新的空调滤芯
	整理	（1）撤去三件套并关闭发动机舱盖 （2）撤去车内防护四件套，整理工具及现场卫生

（二）实施记录

根据实际操作情况，完成表 1-3 的填写。

表 1-3 实施记录单

项目	结果	项目	结果
鼓风机运转是否正常	是 □ 否 □	温度调节是否正常	是 □ 否 □
出风口模式是否正常	是 □ 否 □	出风口最低温度	________℃
冷凝器散热片是否变形	是 □ 否 □	空调滤芯	更换 □ 除尘□

六、检查

（一）自检

结合本组任务操作过程，对任务执行过程中的操作规范性进行检查，检查操作过程中是否存在以下问题，分析讨论应如何避免并总结规范的操作方法（见表 1-4）。

表 1-4 自检

项目	结果
空调滤芯是否更换或清洁	是 □ 否 □
空调滤芯安装是否到位	是 □ 否 □
冷凝器是否清洁	是 □ 否 □
点火开关是否关闭，工具是否归位	是 □ 否 □

（二）互检

组与组之间相互进行任务操作过程及结果检查，并将检查结果填写在表 1-5 中。

表 1-5 互检

项目	结果
空调滤芯是否更换或清洁	是 □ 否 □
空调滤芯安装是否到位	是 □ 否 □
冷凝器是否清洁	是 □ 否 □
点火开关是否关闭，工具是否归位	是 □ 否 □

七、课堂小结

____

____

____

任务二　空调压缩机拆装与更换

<table>
<tr><td colspan="7">空调压缩机拆装与更换任务工单</td></tr>
<tr><td>客户信息</td><td>姓名</td><td colspan="2"></td><td>电话</td><td colspan="2"></td></tr>
<tr><td rowspan="2">车辆信息</td><td colspan="2">车型</td><td colspan="2">VIN 码</td><td colspan="2">行驶里程</td></tr>
<tr><td colspan="2"></td><td colspan="2"></td><td colspan="2"></td></tr>
<tr><td>客户描述</td><td colspan="6">空调系统保养 □　空调系统不制冷 □　鼓风机不运转 □
空调系统制冷效果差 □　冷却风扇不运转 □　冷却风扇运转不良 □
空调出风口温度无法调节 □　空调运转时伴有异响 □　空调异味 □
其他：</td></tr>
<tr><td colspan="3">车辆外观检查</td><td colspan="4">车辆内部检查</td></tr>
<tr><td>凹凸 □</td><td colspan="2" rowspan="4"></td><td>污渍 □</td><td colspan="3" rowspan="4"></td></tr>
<tr><td>划痕 □</td><td>破损 □</td></tr>
<tr><td>石击 □</td><td>色斑 □</td></tr>
<tr><td>油漆 □</td><td>变形 □</td></tr>
<tr><td>明确具体工作任务</td><td colspan="6"></td></tr>
</table>

任务目标

- 能够对空调压缩机进行拆装与更换

任务内容

- 空调制冷系统的组成与工作原理
- 空调压缩机的作用
- 空调压缩机的安装位置与拆装方法

续表

	● 空调制冷系统的组成与工作原理 ● 空调压缩机的作用 ● 空调压缩机的安装位置与拆装方法
	● 空调制冷系统的组成与工作原理 ● 空调压缩机的拆装方法

一、知识讲解

（一）空调压缩机的作用

压缩机是空调制冷系统工作的动力源，为制冷剂循环提供动力，保证制冷系统正常运转。

1. 制冷系统的组成与工作原理

制冷系统采用“蒸发制冷”的物理原理，利用制冷剂蒸发时吸收空气中的热量达到降温的目的。制冷系统主要由空调压缩机、冷凝器、储液干燥器、膨胀阀及蒸发器组成一个密闭的循环空间，制冷剂在这个密闭的空间内部循环，如图 2-1 所示。

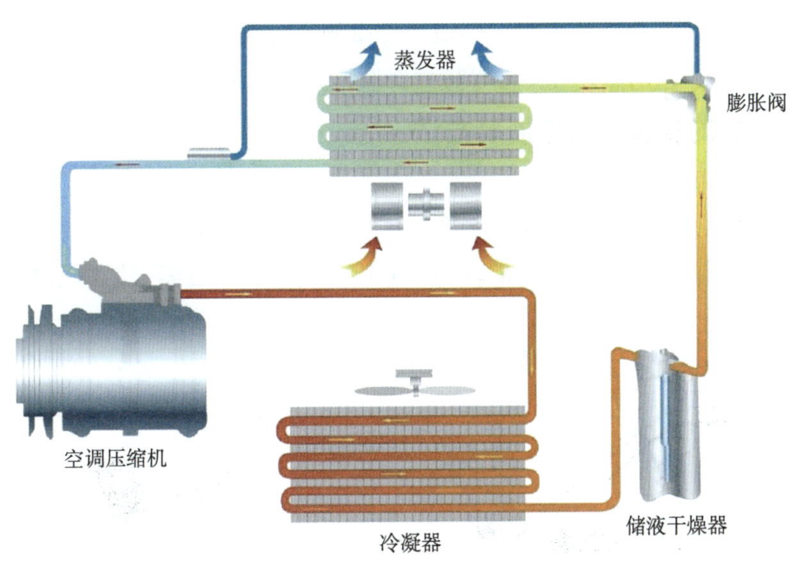

图 2-1 制冷系统的组成与工作原理

当制冷系统工作时，空调压缩机将蒸发器中的气态制冷剂加压抽送到冷凝器，在冷凝器中降温使高压气态制冷剂释放热量变为液态或气液混合态制冷剂；经过储液干燥器过滤后，纯液态的制冷剂流向膨胀阀。膨胀阀是一个开度很小的节流阀，高压液态制冷剂经过膨胀阀后，由于空间迅速扩大，使压力降低，制冷剂开始汽化蒸发，流向蒸发器并在蒸发器中完成蒸发过程。制冷剂在蒸发过程会大量吸收蒸发器周围的空气热量，从而使经过蒸发器的空气变凉，起到降温的作用。

2. 压缩机对制冷系统的影响

从制冷系统的工作原理不难看出空调压缩机在制冷系统中的重要作用，它与膨胀阀将整个制冷系统分为“低压区”和“高压区”两个部分。制冷剂在低压区完成蒸发过程并带走空气中的热量，再经过压缩机压缩后到达高压区的冷凝器进行散热，如图 2–2 所示。

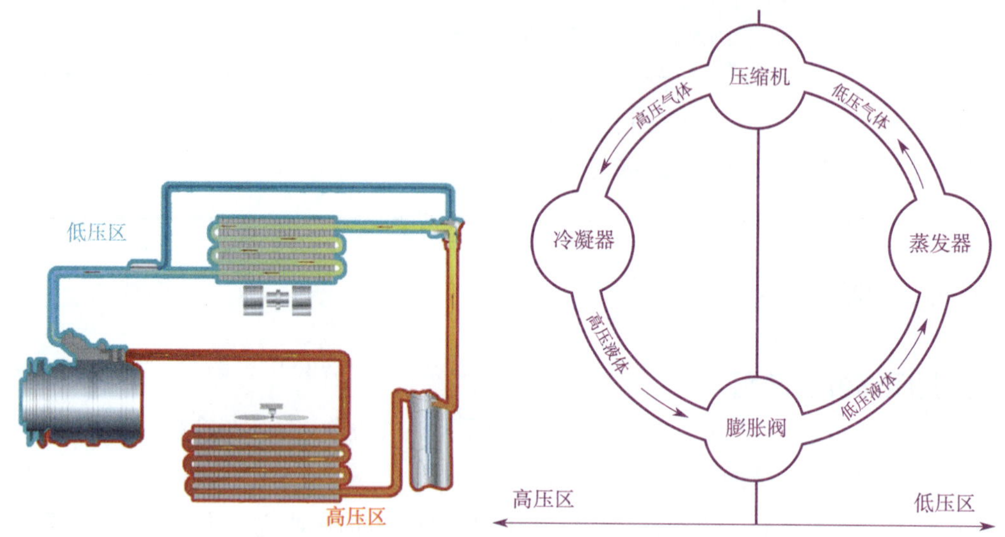

图 2–2　空调制冷系统的高、低压区

压缩机是循环过程的动力源，是空调制冷系统运行的必要条件。因此，一旦压缩机出现问题，高、低压区无法建立，导致制冷系统无法工作，即便是轻微的运行故障也可能会导致高、低压区的压差减小，从而影响制冷剂在低压区的蒸发效果，导致空调制冷效果不理想。

（二）空调压缩机的安装位置与拆装方法

1. 压缩机的安装位置

压缩机安装在发动机旁的支架上，如图 2–3 所示。压缩机与发电机和转向助力泵相同，都是由曲轴传动带驱动。唯一不同之处是，压缩机带轮与压缩机之间装有电磁离合器，压缩机运转与否通过电磁离合器控制。

图 2–3　压缩机的安装位置

2. 压缩机的拆装方法

（1）回收制冷剂。

（2）松开并拆下压缩机传动带。

（3）拆卸压缩机的高、低压管接口，并使用抹布包裹管路接口。

（4）拆下压缩机电磁离合器插接器。

（5）将压缩机从支架上拆下。

（6）按相反步骤进行安装。

二、任务准备

在完成本任务所需的物品下面打“√”号。

扭力扳手	工具车	三件套	吹尘枪
万用表	工作灯	工具套装	抹布
温度计	工作台	零件车	台虎钳

 尖嘴钳	 歧管压力表	 制冷剂加注回收机	 真空泵（两用）
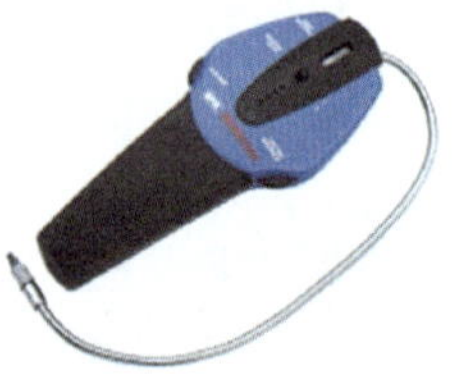 电子检漏仪	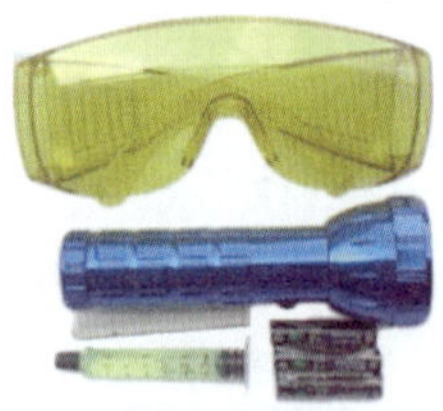 荧光检漏仪	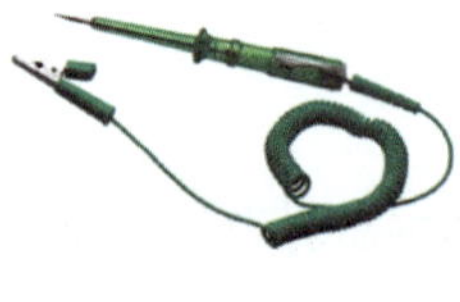 试灯	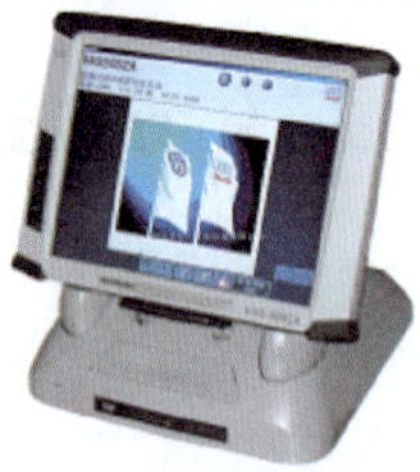 诊断仪
维修手册	空调压缩机	密封圈	

三、防护措施

➢ 进入车间应穿工鞋，戴工帽，工作服应整洁、无破损，操作时不可佩戴手表等金属饰品，以防划伤车辆表面。

➢ 启动或举升车辆时，应通知其他人员远离车辆或举升机，注意安全。

➢ 更换后的零配件及油液应按规定回收处理。

识别下列三幅车间操作图片，勾选出操作正确的图片。

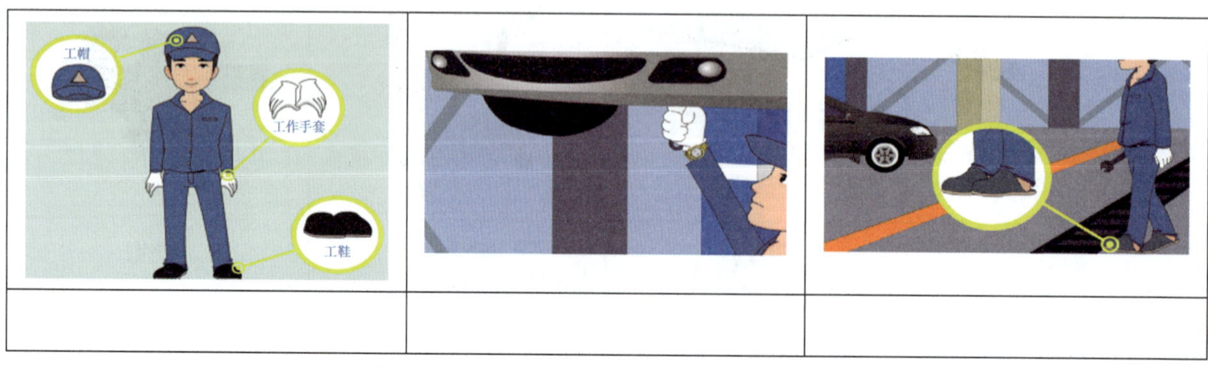

四、任务分配（见表 2-1）

表 2-1　任务分配表

职务	代码	姓名	工作内容
组长	A		监督、管理组员工作
组员	B		准备实训所需辅料及零配件
	C		
	D		准备实训所需工具及手册
	E		

五、任务实施

（一）操作步骤

完成表 2-2 中工作内容的排序。

表 2-2　空调压缩机拆装与更换操作步骤

序号	项目	工作内容
1	安全防护及工作准备	（1）铺设车内防护四件套 （2）打开发动机舱盖，铺设三件套 （3）在车下正确位置摆放举升机举升臂
	回收或排空制冷剂，拆卸空气滤清器壳、传动带及发电机	（1）回收或排空制冷系统中的制冷剂 （2）使用专用卡簧钳拆卸空气滤清器壳卡箍，并取下空气滤清器壳 （3）使用 15 mm 呆扳手扳住张紧器上方凸起，向下压释放张紧器压力，并将传动带取出 （4）拆卸并取下发电机
	拆卸空调压缩机	（1）拆下机油尺套管，使用 17 mm 套筒扳手拆卸机油尺和冷却水管固定支架螺栓 （2）使用 6 mm 内六角扳手拆卸压缩机后方低压管固定螺栓 （3）举升车辆，使用 6 mm 内六角扳手拆卸压缩机后方高压管固定螺栓 （4）使用 10 mm 和 8 mm 套筒扳手拆卸转向助力泵下方塑料护板固定螺栓，并取下塑料护板 （5）使用 16 mm 套筒扳手拆卸压缩机下方固定螺栓 （6）降下车辆至合适位置，断开压缩机上方的插接器，取下高、低压管 （7）使用 16 mm 套筒扳手拆卸压缩机上方固定螺栓，取出压缩机
	安装空调压缩机	（1）将空调压缩机安装在固定位置 （2）使用 16 mm 套筒扳手安装压缩机上方固定螺栓，并用扭力扳手以 25 N · m（±2 N · m）规定力矩拧紧 （3）举升车辆，使用 16 mm 套筒扳手安装压缩机下方固定螺栓，并用扭力扳手以 25 N · m（±2 N · m）规定力矩拧紧 （4）安装压缩机后方高压管，使用 6 mm 内六角扳手安装高压管固定螺栓，并以 22 N · m（±1 N · m）规定力矩拧紧 （5）降下车辆，安装压缩机后方低压管，使用 6 mm 内六角扳手安装低压管固定螺栓，并以 22 N · m（±1 N · m）规定力矩拧紧

续表

序号	项目	工作内容
5	安装其他附件及整理	（1）安装发电机到发动机上，并以 25 N · m（±2 N · m）规定力矩拧紧发电机固定螺栓 （2）安装发电机传动带 （3）安装空气滤清器 （4）举升车辆，安装转向助力泵下方的塑料护板 （5）收拾、整理工具和防护用品

（二）实施记录

查阅手册，在表 2-3 中填写螺栓拧紧力矩。

表 2-3　实施记录单

螺栓名称	拧紧力矩	螺栓名称	拧紧力矩
压缩机固定螺栓	________ N · m	发电机固定螺栓	________ N · m
压缩机高压管固定螺栓	________ N · m	压缩机低压管固定螺栓	________ N · m

六、检查

（一）自检

结合本组任务操作过程，对任务执行过程中的操作规范性进行检查，检查操作过程中是否存在以下问题，分析讨论应如何避免并总结规范的操作方法（见表 2-4）。

表 2-4　自检

项目	结果
各螺栓拧紧力矩是否正确	是 □　否 □
压缩机传动带安装是否到位	是 □　否 □
压缩机管路接口安装是否到位	是 □　否 □

（二）互检

组与组之间相互进行任务操作过程及结果检查，并将检查结果填写在表 2-5 中。

表 2-5　互检

项目	结果
各螺栓拧紧力矩是否正确	是 □　否 □
压缩机传动带安装是否到位	是 □　否 □
压缩机管路接口安装是否到位	是 □　否 □

七、课堂小结

任务三　冷凝器与储液干燥器拆装与更换

<table>
<tr><td colspan="6">冷凝器与储液干燥器拆装与更换任务工单</td></tr>
<tr><td>客户信息</td><td>姓名</td><td colspan="2"></td><td>电话</td><td></td></tr>
<tr><td rowspan="2">车辆信息</td><td colspan="2">车型</td><td colspan="2">VIN 码</td><td>行驶里程</td></tr>
<tr><td colspan="2"></td><td colspan="2"></td><td></td></tr>
<tr><td>客户描述</td><td colspan="5">空调系统保养 □　空调系统不制冷 □　鼓风机不运转 □
空调系统制冷效果差 □　冷却风扇不运转 □　冷却风扇运转不良 □
空调出风口温度无法调节 □　空调运转时伴有异响 □　空调异味 □
其他：</td></tr>
<tr><td colspan="3">车辆外观检查</td><td colspan="3">车辆内部检查</td></tr>
<tr><td>凹凸 □
划痕 □
石击 □
油漆 □</td><td colspan="2"></td><td>污渍 □
破损 □
色斑 □
变形 □</td><td colspan="2"></td></tr>
<tr><td>明确具体工作任务</td><td colspan="5"></td></tr>
<tr><td>任务目标</td><td colspan="5">● 能够完成空调制冷系统冷凝器与储液干燥器的更换</td></tr>
<tr><td>任务内容</td><td colspan="5">● 冷凝器的作用与结构
● 储液干燥器的作用与工作原理
● 冷凝器与储液干燥器的拆装与更换方法</td></tr>
</table>

续表

 任务重点	● 冷凝器的作用与结构 ● 储液干燥器的作用与工作原理 ● 冷凝器与储液干燥器的拆装与更换方法
 任务难点	● 储液干燥器的工作原理 ● 冷凝器与储液干燥器的拆装与更换方法

一、知识讲解

（一）冷凝器与储液干燥器

1. 冷凝器的作用与结构

冷凝器的主要作用是给经过压缩机高压压缩后的制冷剂进行降温，使制冷剂重新由气态变为液态。由于外界环境温度等因素影响，要想对制冷剂有效降温，需要良好的散热条件，包括良好的通风和冷凝器本身的散热效果。

为了使冷凝器散热良好，将冷凝器加工成与发动机散热器相似的结构，由散热管路和散热片组成，根据其形状结构不同，冷凝器分为管片式、管带式和鳍片式三种，管带式和管片式冷凝器的结构如图 3-1 所示。

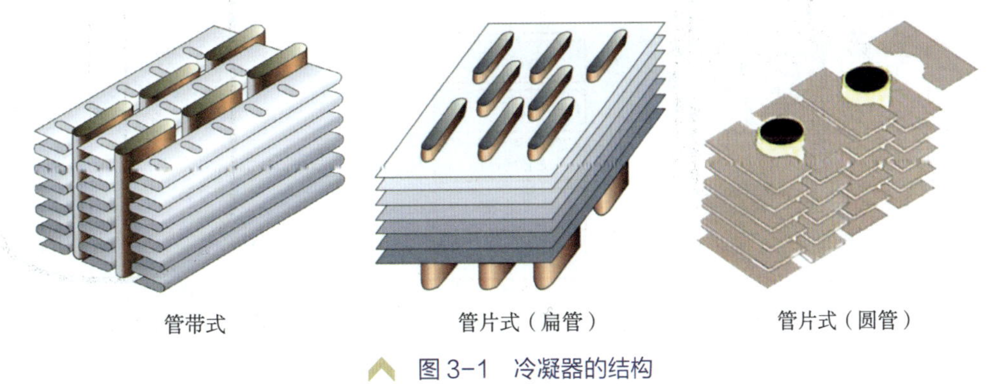

图 3-1 冷凝器的结构

2. 储液干燥器的作用与工作原理

（1）储液干燥器的作用

由于冷凝器与发动机散热器安装在一起，且受到天气、车速等条件影响，冷凝器的散热效果有时并不十分理想，仍有部分制冷剂始终处于气态。为了保证流经膨胀阀的制冷剂均变为液态，在冷凝器与膨胀阀之间的高压管路上安装有储液干燥器，如图 3-2 所示。

储液干燥器的主要作用是过滤掉管路中的气态制冷剂，保证流经膨胀阀的制冷剂均为液态，同时，储液干燥器中的干燥剂还有吸附制冷剂中水分的作用，防止制冷剂中的水分经过膨胀阀冷却时结冰堵塞膨胀阀。

（2）储液干燥器的工作原理

储液干燥器主要由储液罐、制冷剂进口、制冷剂出口、干燥剂和输液管等组成，如图 3-3 所示。干燥剂将储液罐分为上下两个腔体，与制冷剂出口相连的输液管穿过干燥剂直通储液干燥器底部。制冷剂通过进口流入储液罐时，首先经过干燥剂，干燥剂吸附制冷剂中的水分，防止其随制冷剂继续循环，然后再通过储液罐底部的输液管管口经输液管从储液干燥器的出口流出，如图 3-4 所示。

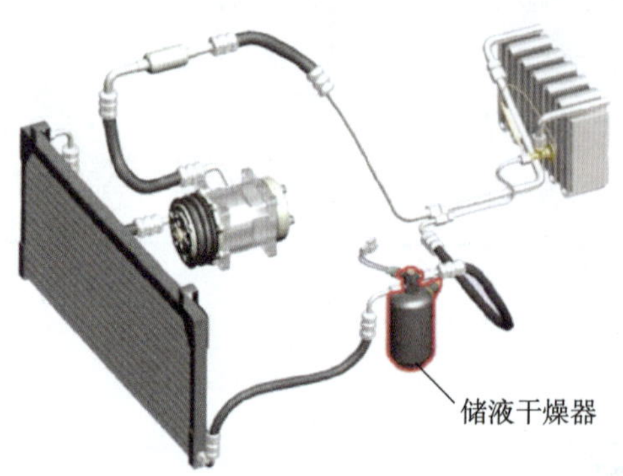

图 3-2　储液干燥器在空调制冷系统中的位置

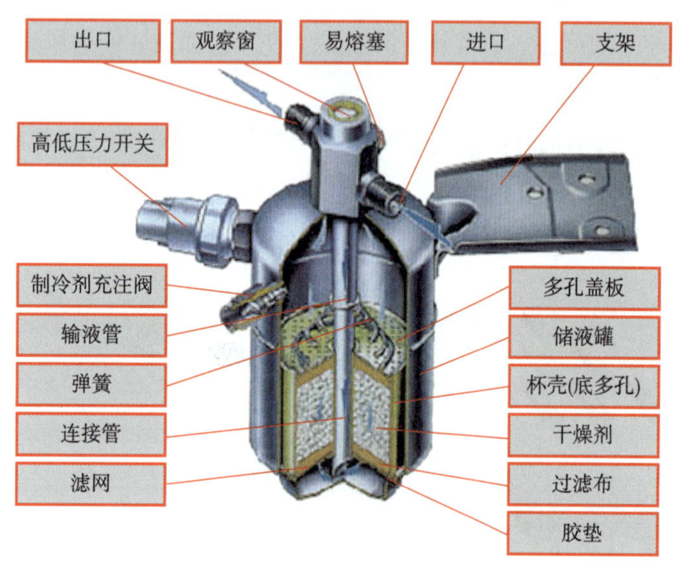

图 3-3　储液干燥器的结构

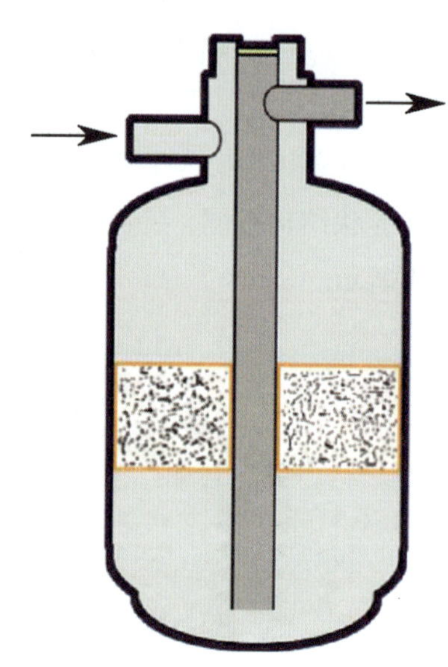

图 3-4　储液干燥器的工作原理

输液管的作用不只是输送除水后的制冷剂，由于输液管的管口直接伸入到底部液态制冷剂中，因此它还能保证输送出去的制冷剂为液态。只有在缺少制冷剂等故障条件下，才会有气态制冷剂经输液管流出。

（二）冷凝器与储液干燥器的拆卸方法

序号	图示	说明
1		拆卸进气格栅

续表

序号	图示	说明
2		拆卸前保险杠外罩
3		拆卸前照灯
4	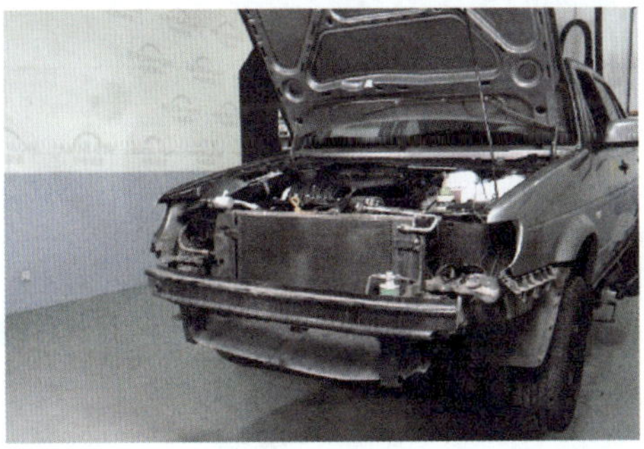	拆下发动机散热器框架
5	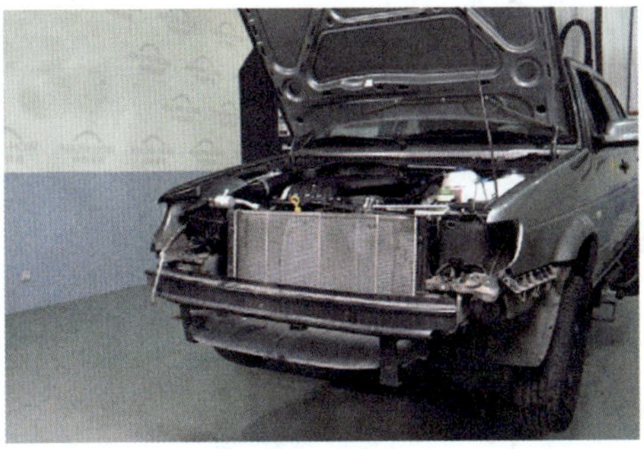	拆下冷凝器与储液干燥器

二、任务准备

在完成本任务所需的物品下面打“√”号。

扭力扳手	工具车	三件套	吹尘枪
万用表	工作灯	工具套装	抹布
温度计	工作台	零件车	台虎钳
尖嘴钳	歧管压力表	制冷剂加注回收机	真空泵（两用）

电子检漏仪	荧光检漏仪	试灯	诊断仪
维修手册	冷凝器	储液干燥器	密封圈

三、防护措施

➢ 进入车间应穿工鞋，戴工帽，工作服应整洁、无破损，操作时不可佩戴手表等金属饰品，以防划伤车辆表面。

➢ 举升或降下车辆时，应通知其他人员注意安全，确保周围无人后方可操作；车辆举升到合适位置时应落锁，确保支撑牢固。

➢ 安装时，储液干燥器必须是最后一个装入空调制冷系统的部件，而且在安装前才可将接口处的堵头去掉，以防含有水分的空气进入到内部，造成储液干燥器中的干燥剂效能下降或失效。

识别下列三幅车间操作图片，勾选出操作正确的图片。

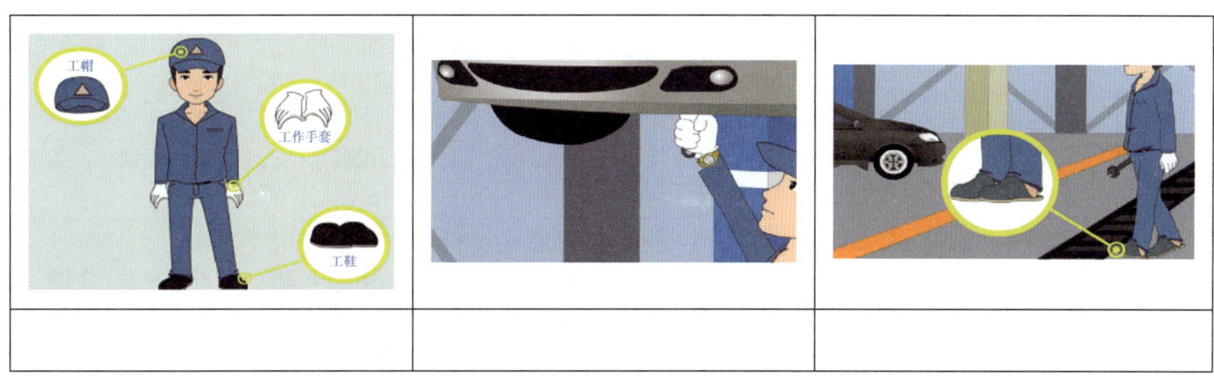

四、任务分配（见表 3-1）

表 3-1　任务分配表

职务	代码	姓名	工作内容
组长	A		监督、管理组员工作
组员	B		准备实训所需辅料及零配件
	C		
	D		准备实训所需工具及手册
	E		

五、任务实施

（一）操作步骤

完成表 3-2 中工作内容的排序。

表 3-2　冷凝器与储液干燥器拆装与更换操作步骤

序号	项目	工作内容
1	安全防护及工作准备	（1）铺设车内防护四件套 （2）打开发动机舱盖，铺设三件套 （3）在车下正确位置摆放举升机举升臂
	安装冷凝器及储液干燥器	（1）将冷凝器安装至固定位置，安装并紧固两侧及底部固定螺栓 （2）更换冷凝器两侧管路密封圈，并在密封圈上涂抹冷冻机油，安装连接管路并紧固 （3）将发动机散热器框架放置在安装位置，连接发动机舱盖拉线、喇叭插接器及线束卡子 （4）安装并紧固发动机散热器框架固定螺栓 （5）安装发动机散热器固定支架，并安装紧固发动机散热器上部固定螺栓
	拆卸冷凝器及储液干燥器	（1）使用 10 mm 套筒扳手拆卸发动机散热器上部 2 颗固定螺栓，并取下发动机散热器固定支架 （2）使用 10 mm 套筒扳手拆卸发动机散热器框架固定螺栓 （3）提起发动机散热器框架，使用尖嘴钳拆卸与发动机散热器框架连接的卡子，断开发动机舱盖拉线及喇叭插接器，取下发动机散热器框架 （4）使用 19 mm 和 17 mm、22 mm 和 19 mm 呆扳手分别拆卸冷凝器上左下、右上 2 根空调管路 （5）使用 10 mm 套筒扳手拆卸冷凝器左右 2 颗固定螺栓及底部 2 颗固定螺栓，取下冷凝器及储液干燥器
	拆卸前保险杠及前照灯	（1）使用 T30 内六角花形扳手拆卸中网上 3 颗固定螺栓，并取下中网 （2）将车辆举升至合适高度，使用 10 mm 套筒扳手拆卸前保险杠下部 2 颗固定螺栓 （3）使用 T30 内六角花形扳手拆卸前保险杠中间 2 颗固定螺栓 （4）使用 T20 内六角花形扳手拆卸前保险杠两侧翼子板固定螺栓，取下前保险杠 （5）使用 T30 内六角花形扳手和 10 mm 套筒扳手拆卸前照灯固定螺栓，并断开前照灯后部插接器，取下前照灯

续表

序号	项目	工作内容
	安装前保险杠及前照灯	（1）将前照灯装回原位，连接后部插接器，安装并紧固固定螺栓 （2）将前保险杠装回原位，安装并紧固两侧翼子板固定螺栓 （3）安装前保险杠中间 2 颗固定螺栓 （4）将车辆举升至合适高度，安装前保险杠下部固定螺栓 （5）安装中网，安装并紧固固定螺栓
6	整理	（1）撤去三件套，关闭发动机舱盖，撤去车内防护四件套 （2）整理工具及现场卫生

（二）实施记录

根据实际操作情况，完成表 3–3 的填写。

表 3–3　实施记录单

操作步骤	操作过程是否顺利	所遇问题	解决方法
拆卸前保险杠及前照灯	是 □　否 □		
拆卸冷凝器及储液干燥器	是 □　否 □		
安装冷凝器及储液干燥器	是 □　否 □		
安装前保险杠及前照灯	是 □　否 □		

六、检查

（一）自检

结合本组任务操作过程，对任务执行过程中的操作规范性进行检查，检查操作过程中是否存在以下问题，分析讨论应如何避免并总结规范的操作方法（见表 3–4）。

表 3–4　自检

项目	结果
各部件安装是否到位	是 □　否 □
工具、现场整理是否到位	是 □　否 □

（二）互检

组与组之间相互进行任务操作过程及结果检查，并将检查结果填写在表 3–5 中。

表 3–5　互检

项目	结果
各部件安装是否到位	是 □　否 □
工具、现场整理是否到位	是 □　否 □

七、课堂小结

任务四　压缩机故障检查与修理

<table>
<tr><td colspan="6">压缩机故障检查与修理任务工单——压缩机分解检查</td></tr>
<tr><td>客户信息</td><td>姓名</td><td colspan="2"></td><td>电话</td><td></td></tr>
<tr><td rowspan="2">车辆信息</td><td colspan="2">车型</td><td colspan="2">VIN 码</td><td>行驶里程</td></tr>
<tr><td colspan="2"></td><td colspan="2"></td><td></td></tr>
<tr><td>客户描述</td><td colspan="5">空调系统保养 □　空调系统不制冷 □　鼓风机不运转 □
空调系统制冷效果差 □　冷却风扇不运转 □　冷却风扇运转不良 □
空调出风口温度无法调节 □　空调运转时伴有异响 □　空调异味 □
其他：</td></tr>
<tr><td colspan="3">车辆外观检查</td><td colspan="3">车辆内部检查</td></tr>
<tr><td colspan="3">凹凸 □
划痕 □
石击 □
油漆 □</td><td colspan="3">污渍 □
破损 □
色斑 □
变形 □</td></tr>
<tr><td>明确具体工作任务</td><td colspan="5"></td></tr>
<tr><td>任务目标</td><td colspan="5">● 能够对空调压缩机进行分解、检查与组装</td></tr>
<tr><td>任务内容</td><td colspan="5">● 空调压缩机的作用与分类
● 空调压缩机的结构组成与工作原理
● 空调压缩机的分解、检查与组装方法</td></tr>
</table>

续表

	● 空调压缩机的结构组成与工作原理 ● 空调压缩机的分解、检查与组装方法
	● 空调压缩机的工作原理 ● 空调压缩机的分解与组装

一、知识讲解

（一）空调压缩机的作用与工作原理

1. 压缩机的作用与分类

压缩机的主要作用是将空调制冷系统低压区蒸发器中的气态制冷剂输送到高压区的冷凝器中，即压缩机是空调制冷系统工作的动力源。

压缩机根据其结构和工作原理不同可分为曲柄连杆式、轴向活塞式和涡旋式等，如图 4–1 所示。

图 4–1　压缩机的分类

2. 压缩机的结构组成与工作原理

（1）压缩机的结构组成

目前，车辆上大多采用轴向活塞式压缩机。轴向活塞式压缩机又称斜盘式压缩机，主要由电磁离合器、输入轴、传动斜盘、摇板、连杆、活塞、阀板、阀片及前后端盖等组成，如图 4–2 所示。

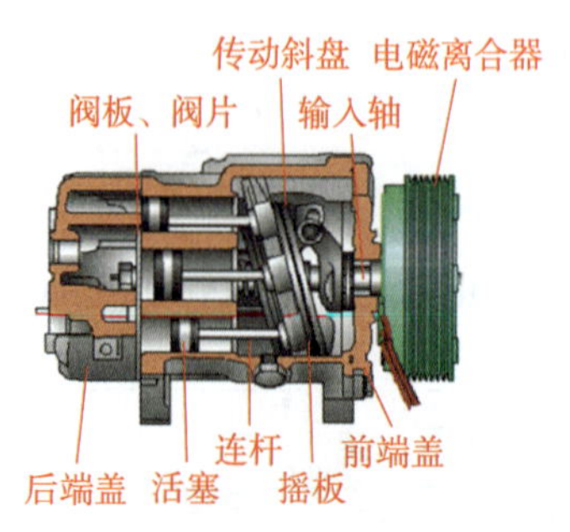

图 4–2　压缩机的结构组成

（2）压缩机的工作原理

当压缩机工作时，做圆弧摆动的摇板通过各缸连杆使各缸活塞做前后往复运动。活塞吸气时，制冷剂蒸气推开进气阀片进入气缸；活塞排气时，制冷剂蒸气再推开排气阀片排出气缸，如图 4-3 所示。

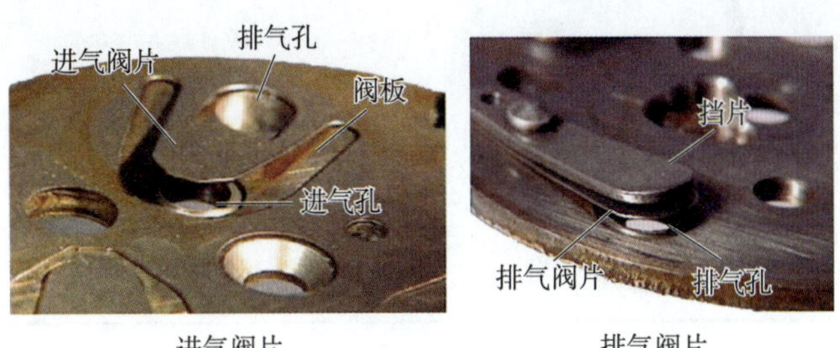

进气阀片　　排气阀片

图 4-3　压缩机的进气阀片和排气阀片

（二）空调压缩机的分解、检查与组装方法

1. 压缩机的分解

序号	图示	说明
1		拆下压缩机电磁离合器压盘固定螺栓及压盘
2		拆下压缩机电磁离合器传动带轮及定子线圈
3		拆下压缩机穿芯螺栓
4		拆下压缩机后端盖、阀板、阀片

续表

序号	图示	说明
5		分解压缩机缸体

2. 压缩机的检查

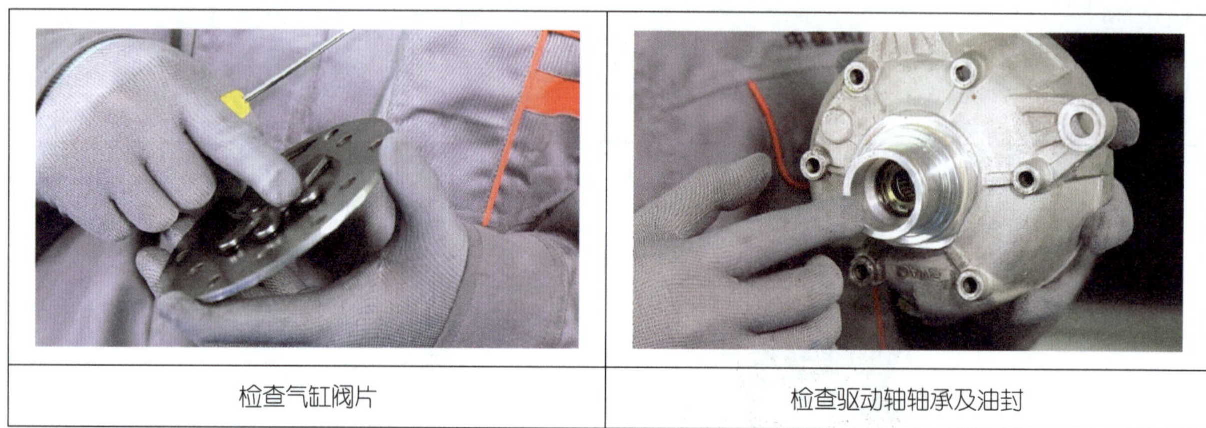

检查气缸阀片	检查驱动轴轴承及油封

3. 压缩机的组装

序号	图示	说明
1		安装压缩机缸体
2		安装压缩机前端盖

续表

序号	图示	说明
3		安装压缩机阀板、阀片及后端盖，并使用穿芯螺栓紧固
4		安装压缩机电磁离合器定子线圈及传动带轮
5		安装压缩机电磁离合器压盘，并使用固定螺栓紧固

二、任务准备

在完成本任务所需的物品下面打"√"号。

扭力扳手	工具车	三件套	吹尘枪
万用表	工作灯	工具套装	抹布

 温度计	 工作台	 零件车	 台虎钳
 尖嘴钳	 歧管压力表	 制冷剂加注回收机	 真空泵（两用）
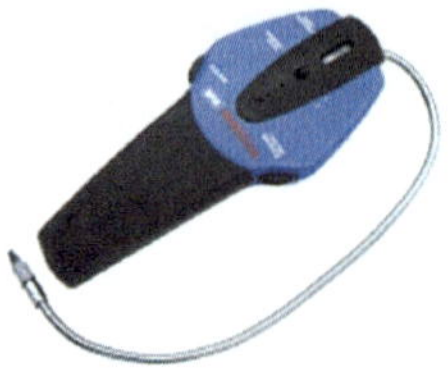 电子检漏仪	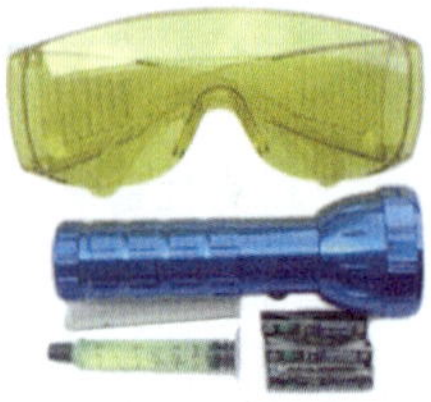 荧光检漏仪	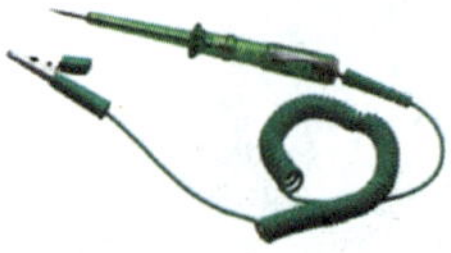 试灯	 诊断仪

三、防护措施

➢ 进入车间应穿工鞋，戴工帽，工作服应整洁、无破损，操作时不可佩戴手表等金属饰品，以防划伤车辆表面。

➢ 启动或举升车辆时，应通知其他人员远离车辆或举升机，注意安全。

➢ 更换后的零配件及油液应按规定回收处理。

识别下列三幅车间操作图片，勾选出操作正确的图片。

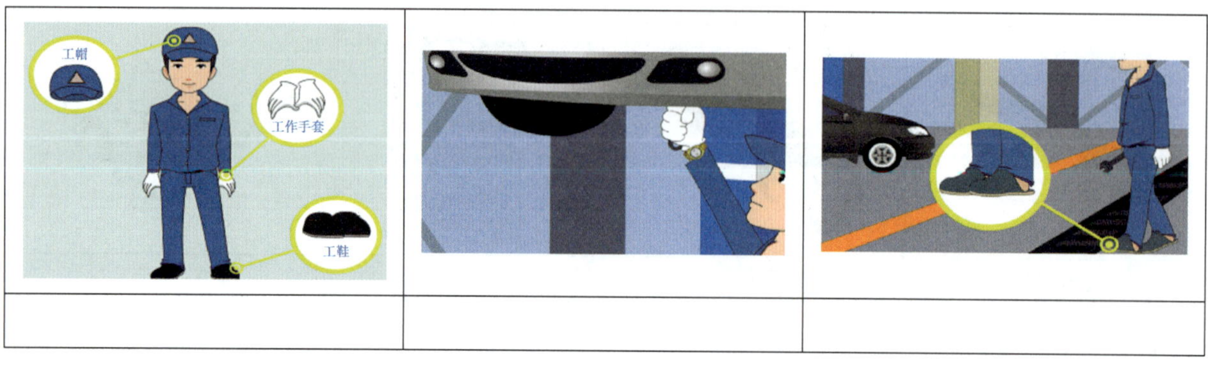

四、任务分配（见表 4-1）

表 4-1 任务分配表

职务	代码	姓名	工作内容
组长	A		监督、管理组员工作
组员	B		准备实训所需辅料及零配件
	C		
	D		准备实训所需工具及手册
	E		

五、任务实施

（一）操作步骤

完成表 4-2 中工作内容的排序。

表 4-2 压缩机故障检查与修理操作步骤

序号	项目	工作内容
	分解压缩机	（1）使用 13 mm 套筒扳手拆卸压缩机壳休上的 6 颗固定螺栓 （2）使用橡胶锤轻轻敲击后端盖，将后端盖拆下，并将阀板、阀片取出 （3）使用橡胶锤轻轻敲击压缩机驱动轴，将活塞组从前端盖上取下 （4）将前端盖从台虎钳上取下
	拆卸压缩机电磁离合器	（1）使用 13 mm 套筒扳手拆卸压缩机电磁离合器压盘固定螺栓 （2）使用专用工具将压盘拉出，取下压盘 （3）使用卡簧钳拆卸传动带轮弹性挡圈 （4）使用拉拔器将传动带轮拉出 （5）使用十字旋具拆卸压缩机电磁离合器线束固定螺栓，取下线束 （6）使用拉拔器将压缩机电磁离合器拉出
	排放冷冻机油	（1）使用 16 mm 套筒扳手拆卸压缩机壳体侧面加注孔固定螺栓 （2）将压缩机内部冷冻机油排放干净 （3）将压缩机前端盖安装架放置在台虎钳上锁紧 （4）使用 16 mm 套筒扳手安装加注孔固定螺栓，并用扭力扳手以 20 N · m 规定力矩拧紧
	检查压缩机内部元件	（1）检查压缩机内部阀板、阀片有无变形、断裂 （2）检查驱动轴轴承有无点蚀、过度磨损 （3）检查驱动轴油封有无老化、破损 （4）转动驱动轴，检查活塞与驱动轴是否运动自如

续表

序号	项目	工作内容
	换件，组装压缩机	（1）用新件替换压缩机故障元件 （2）将压缩机前端盖安装架放置在台虎钳上锁紧 （3）将阀板、阀片按原位置安装在后端盖上，并将活塞组安装在后端盖上 （4）安装驱动轴轴承 （5）使活塞组上的斜盘固定杆对准前端盖上的定位孔，将活塞组安装在前端盖上 （6）使用 13 mm 套筒扳手安装 6 颗压缩机固定螺栓，并用扭力扳手以 20 N · m 规定力矩拧紧 （7）按照维修手册要求加注冷冻机油
	安装压缩机电磁离合器	（1）将压缩机电磁离合器按原位置装回，使用橡胶锤敲击到位 （2）安装压缩机电磁离合器线束，并使用十字旋具安装固定螺栓 （3）将压缩机从台虎钳上取下，放置在压床上 （4）使用压床安装传动带轮，并使用卡簧钳安装传动带轮弹性挡圈 （5）安装压盘时，注意将压盘上的定位卡槽对准驱动轴上的定位卡槽；将定位销安装在驱动轴卡槽上，并装入压盘 （6）使用压床安装压盘 （7）将压缩机从压床上取下，使用 13 mm 套筒扳手紧固压盘固定螺栓
	整理	（1）整理工具 （2）整理现场卫生

（二）实施记录

根据实际操作情况，完成表 4-3 的填写。

表 4-3　实施记录单

项目	进气阀片	排气阀片	驱动轴轴承	驱动轴油封
结果	正常 □　损伤 □	正常 □　损伤 □	正常 □　损伤 □	正常 □　损伤 □
处理措施				
项目	压缩机加注冷冻机油量	螺纹	壳体表面	
结果	________ mL	正常 □　机械损伤 □	正常 □　裂纹 □	

六、检查

（一）自检

结合本组任务操作过程，对任务执行过程中的操作规范性进行检查，检查操作过程中是否存在以下问题，分析讨论应如何避免并总结规范的操作方法（见表 4-4）。

表 4-4　自检

项目	结果
压缩机组装是否完整	是 □　否 □
压缩机是否已添加冷冻机油	是 □　否 □

（二）互检

组与组之间相互进行任务操作过程及结果检查，并将检查结果填写在表 4–5 中。

表 4–5　互检

项目	结果
压缩机组装是否完整	是☐　否☐
压缩机是否已添加冷冻机油	是☐　否☐

七、课堂小结

任务五　膨胀阀更换与制冷系统测漏

<table>
<tr><th colspan="6">膨胀阀更换与制冷系统测漏任务工单</th></tr>
<tr><td>客户信息</td><td>姓名</td><td colspan="2"></td><td>电话</td><td></td></tr>
<tr><td rowspan="2">车辆信息</td><td colspan="2">车型</td><td colspan="2">VIN 码</td><td>行驶里程</td></tr>
<tr><td colspan="2"></td><td colspan="2"></td><td></td></tr>
<tr><td>客户描述</td><td colspan="5">空调系统保养 □　空调系统不制冷 □　鼓风机不运转 □
空调系统制冷效果差 □　冷却风扇不运转 □　冷却风扇运转不良 □
空调出风口温度无法调节 □　空调运转时伴有异响 □　空调异味 □
其他：</td></tr>
<tr><td colspan="3">车辆外观检查</td><td colspan="3">车辆内部检查</td></tr>
<tr><td>凹凸 □
划痕 □
石击 □
油漆 □</td><td colspan="2"></td><td>污渍 □
破损 □
色斑 □
变形 □</td><td colspan="2"></td></tr>
<tr><td>明确具体工作任务</td><td colspan="5"></td></tr>
</table>

任务目标

- 能够更换空调制冷系统膨胀阀
- 能够对空调制冷系统进行测漏检查

任务内容

- 膨胀阀的作用与分类
- 膨胀阀的工作原理
- 膨胀阀的拆装与更换方法
- 制冷系统测漏方法

续表

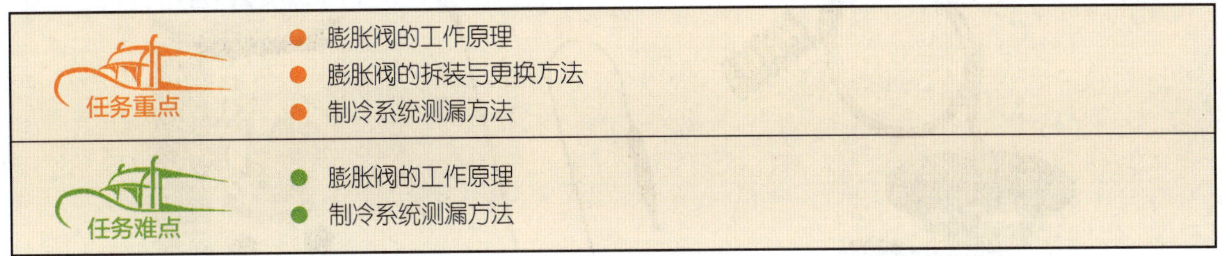

任务重点	● 膨胀阀的工作原理 ● 膨胀阀的拆装与更换方法 ● 制冷系统测漏方法
任务难点	● 膨胀阀的工作原理 ● 制冷系统测漏方法

一、知识讲解

（一）膨胀阀的作用与工作原理

1. 膨胀阀的作用与分类

（1）膨胀阀的作用

膨胀阀是空调制冷系统中的重要元件，是制冷系统中制冷剂高压与低压的分界点。它的主要作用是建立压力差，使制冷剂由液态转化为气态，并调节制冷剂的流量。

液态制冷剂在高压作用下流经膨胀阀时，由于膨胀阀的开口很小，从而产生节流作用，致使只有少部分制冷剂通过。制冷剂通过膨胀阀后，由于空间迅速增大，压力减小，变为雾状液体开始蒸发并由于惯性流动到蒸发器，在蒸发器中完成整个蒸发过程，如图 5-1 所示。

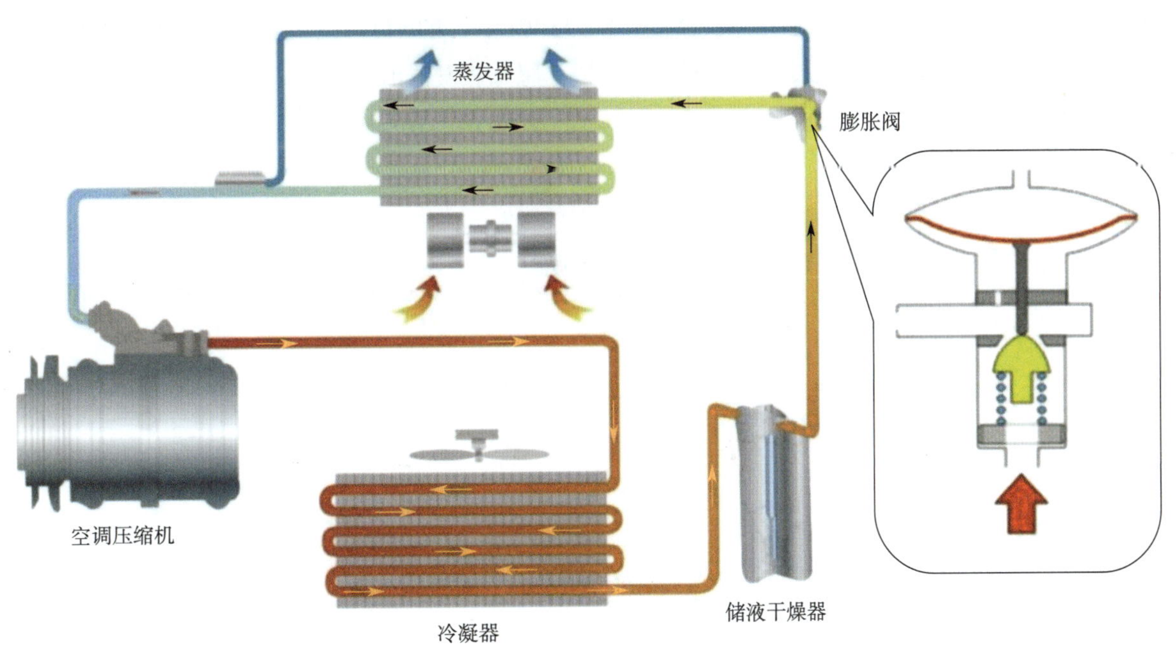

图 5-1 膨胀阀的作用

（2）膨胀阀的分类

膨胀阀根据其工作原理不同可分为内平衡式和外平衡式两种，根据其结构不同又分为 F 形膨胀阀和 H 形膨胀阀，如图 5-2 所示。

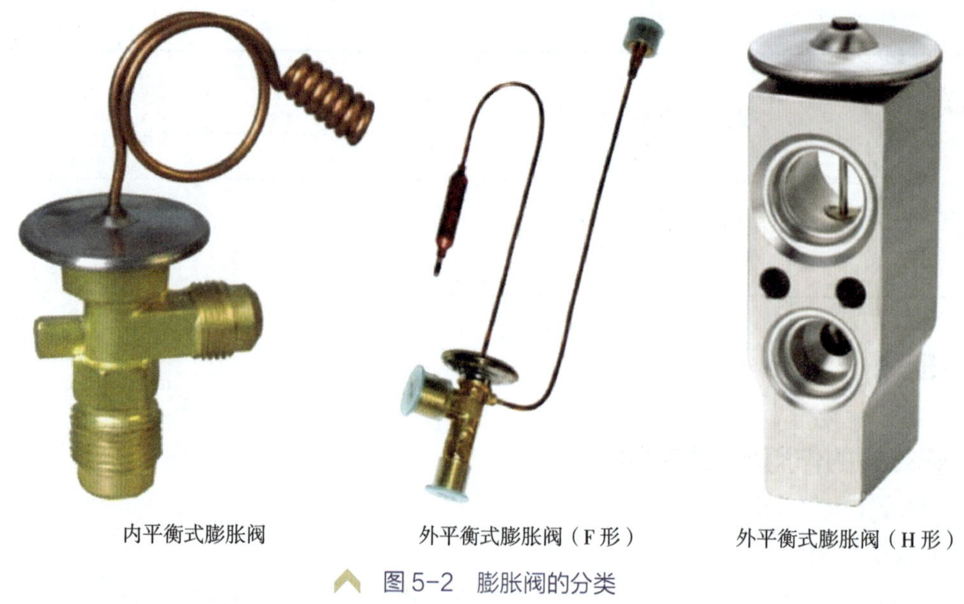

内平衡式膨胀阀　　外平衡式膨胀阀（F 形）　　外平衡式膨胀阀（H 形）

图 5-2　膨胀阀的分类

2. 膨胀阀的工作原理

（1）内平衡式膨胀阀的工作原理

内平衡式膨胀阀主要由针阀、过热弹簧、膜片、推杆、毛细管、感温包等组成。针阀通过推杆与膨胀阀上方的膜片相连，同时，在针阀的下方由过热弹簧推动使其向关闭位置移动。在膜片下方有一条通道与蒸发器进口相连，用于感知蒸发器进口压力；膜片上方的封闭空间中充注饱和气体并通过毛细管与感温包相连，感温包则安装在蒸发器出口位置，感知蒸发器出口温度，如图 5-3 所示。

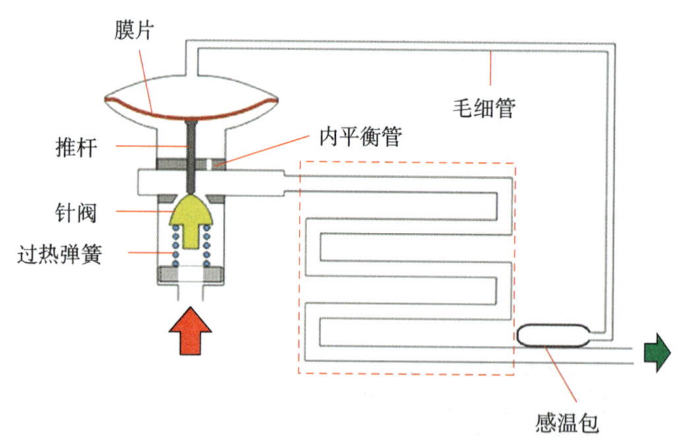

图 5-3　内平衡式膨胀阀的结构原理简图

膨胀阀工作时，主要受到过热弹簧的弹力、膜片上方的压力和膜片下方的真空吸力。当打开空调压缩机时，压缩机使膜片下方压力减小，膜片上方的压力大于过热弹簧的弹力，针阀开启增大，更多的制冷剂流入蒸发器并开始蒸发，吸收热量。若流入蒸发器的制冷剂过多，会导致经过蒸发器后的制冷剂温度依然很低，即蒸发器出口的制冷剂温度依然很低，感温包感知到此温度后，其中的饱和气体便会收缩，致使膜片上方的压力减小，在过热弹簧的作用下，针阀关小，减少流向蒸发器的制冷剂。

（2）F 形外平衡式膨胀阀的工作原理

F 形外平衡式膨胀阀的构造和原理与内平衡式膨胀阀基本相似，唯一不同的是，F 形外平衡式膨胀阀的平衡管移到膨胀阀外部并与蒸发器出口相连，通过检测蒸发器出口压力，提高膨胀阀对系统内部压力的反应灵敏度，如图 5-4 所示。

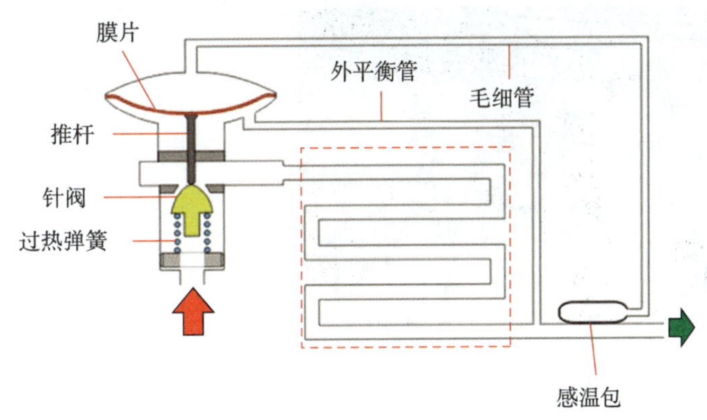

图 5-4 F 形外平衡式膨胀阀的结构原理简图

（3）H 形外平衡式膨胀阀的工作原理

H 形外平衡式膨胀阀是由于内部结构犹如“H”形状而得名。蒸发器出口管路经过 H 形外平衡式膨胀阀内部，并通过内平衡通道与膨胀阀膜片下方空间相通，H 形外平衡式膨胀阀膜片上方与推杆中间部分相通，并充入饱和气体（红色部分），通过推杆感知蒸发器出口处的制冷剂温度，如图 5-5 所示。

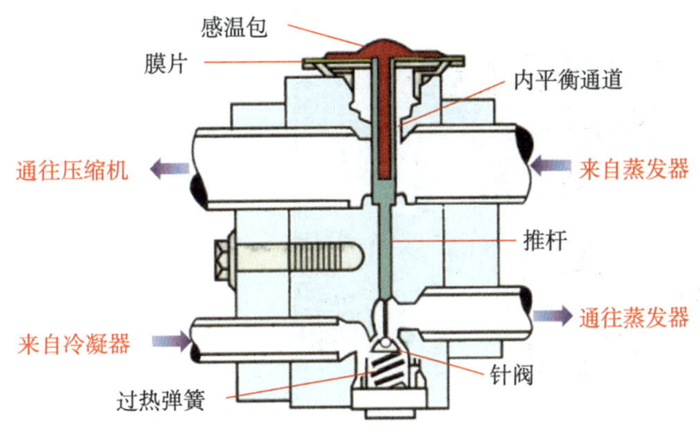

图 5-5 H 形外平衡式膨胀阀的结构原理简图

当空调压缩机开始工作时，蒸发器出口压力减小，由于膜片下方通过内平衡通道与蒸发器出口相通，因此，膜片下方的压力随之减小，膜片在感温包内部饱和气体压力作用下向下移动，从而推动针阀打开。当蒸发器出口制冷剂温度过低时，感温包中的饱和气体受冷收缩，感温包内部压力减小，针阀在过热弹簧弹力作用下向上关闭，从而减小制冷剂流量。

（二）膨胀阀的拆装与更换方法

1. 膨胀阀的拆卸

序号	图示	说明
1		拆下发动机进气总管及其他相关附件
2	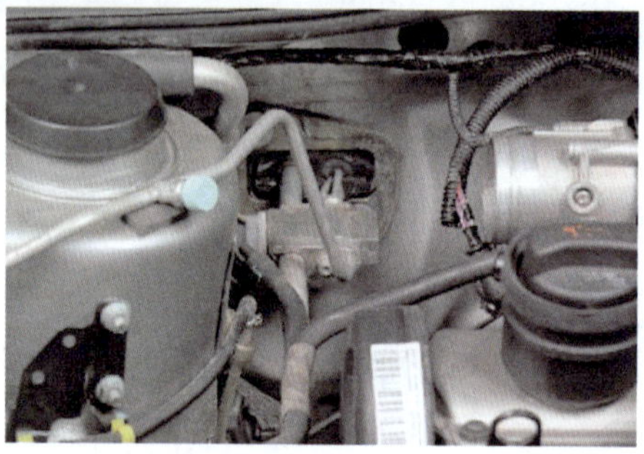	打开并取下膨胀阀保温外壳
3		拧松膨胀阀高、低压管固定螺栓，拆下前端（靠近车头处为前端）高、低压管
4		拆卸蒸发器接管与膨胀阀固定螺栓，将膨胀阀从蒸发器上分离取出

2. 膨胀阀的安装

序号	图示	说明
1		将膨胀阀安装至蒸发器接管上，拧紧蒸发器接管与膨胀阀固定螺栓
2		将前端高、低压管安装至膨胀阀前端接口上，拧紧固定螺栓
3		安装膨胀阀保温外壳
4		安装发动机进气总管及其他相关附件

（三）空调系统的泄漏检查

1. 空调系统泄漏原因

（1）空调系统的正常泄漏

汽车空调制冷系统与家用空调相似，制冷剂都是在密闭的空间中循环流动的。因此，正常情况下制冷剂不会发生泄漏。但部分采用机械变排量压缩机的车辆，由于制冷剂在压缩机内部会通过变排控

制阀的毛细孔流入活塞背腔，在高压下会从压缩机轴承油封析出，导致制冷系统的制冷剂出现正常损耗，如图 5-6 所示。一般正常损耗范围为每年不大于制冷剂总量的 5%。

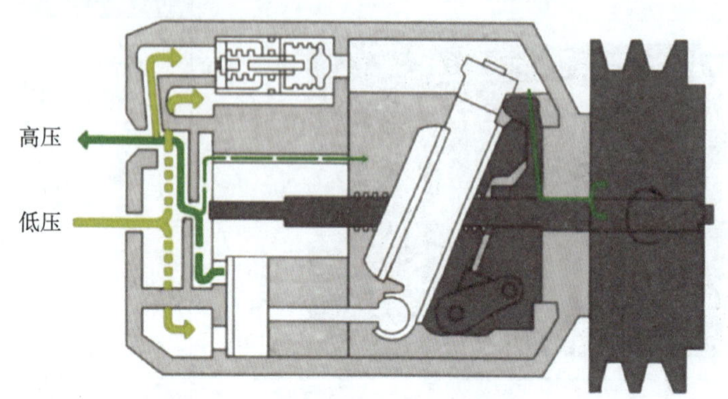

图 5-6 变排量压缩机背压导致制冷剂泄漏

（2）维护不当导致空调系统泄漏

在空调正常使用和维护中，由于维护不当造成空调系统压力过高（如制冷剂充注过多、空调系统中存在空气等），会导致空调系统发生泄漏。

另外，还应时常清理冷凝器表面，使其保持良好的通风、散热状态，否则也会因散热不好而造成空调系统压力过高，导致空调系统泄漏。

（3）维修操作不当导致空调系统泄漏

在空调制冷系统维修过程中，应保证每个管路接口处密封良好，在更换密封圈时，更要根据冷冻机油和制冷剂选择合适材质和大小的密封圈，否则也会导致空调系统泄漏。另外，在对车辆其他位置进行维修时要尽量避免弯折空调制冷系统管路，空调软管应避开火源和尖锐物体，防止损坏。

2. 制冷系统测漏方法

检查空调制冷系统泄漏时，通常采用泡沫检查法、荧光测漏检查法和电子检漏仪检查法等。

（1）泡沫检查法

将氮气瓶与制冷剂歧管压力表加注接头连接，旋开氮气瓶阀，打开歧管压力表管阀，向空调制冷系统充入氮气，当空调系统压力升至 1 ~ 2 MPa 时，停止充气。关闭歧管压力表管阀，保持上述压力 5 ~ 10 min，其间用肥皂水刷抹在各焊缝、法兰、阀门及丝扣等连接处进行检漏，如图 5-7 所示。如有气泡出现，说明制冷系统存在泄漏，做好记号，待全部检漏完毕，将氮气放掉，进行补焊或修理，处理妥当后继续检漏确保修复成功；如没有气泡出现，则说明当前压力下，制冷系统不存在泄露。一般情况下，泄漏大的地方，有微小声音，并有大气泡冒出；泄漏小的地方，有小气泡冒出，并且是间断的。

（2）荧光测漏检查法

荧光测漏检查法是将荧光剂与制冷剂混合后一起充入空调制冷系统内部，若制冷系统存在泄漏，则在运行过程中，荧光剂会同制冷剂一起从泄漏点排出，并滞留于泄漏点附近。此时，使用荧光检漏仪便可找出泄漏点，如图 5-8 所示。荧光剂充入制冷系统不影响空调系统的正常使用。

（3）电子检漏仪检查法

电子检漏仪又称为“电子鼻”，是用来检测空调制冷系统制冷剂泄漏的专用工具，具有方便快捷、操作简单等优点。

图 5-7 泡沫检查法

注入荧光剂

检查泄漏点

图 5-8 荧光测漏检查法

使用电子检漏仪检测制冷剂泄漏前，需保证发动机舱内及所在工作环境的空气中没有人为造成的制冷剂残留，以保证其检测数值的准确性。由于制冷剂密度大于空气，检测时，只需将检测探头伸入管路接口下方或疑似泄漏点的下方即可。当检测到空气中有制冷剂时，电子检漏仪将根据制冷剂浓度不同而发出不同的显示信号和声音信号。电子检漏仪及其检查方法如图 5-9 所示。

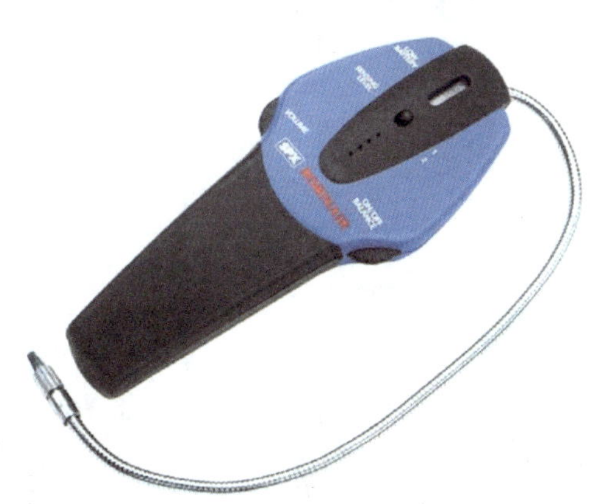

电子检漏仪

检查泄漏点

图 5-9 电子检漏仪及其检查方法

二、任务准备

在完成本任务所需的物品下面打“√”号。

扭力扳手	工具车	三件套	吹尘枪
		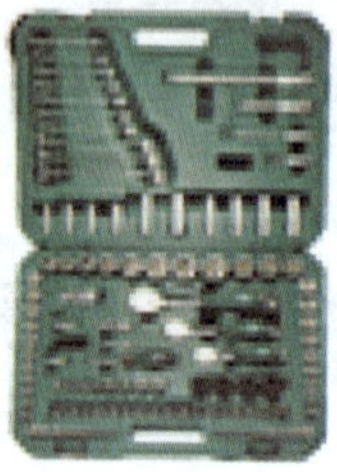	
万用表	工作灯	工具套装	抹布

温度计	工作台	零件车	台虎钳

尖嘴钳	歧管压力表	制冷剂加注回收机	真空泵（两用）

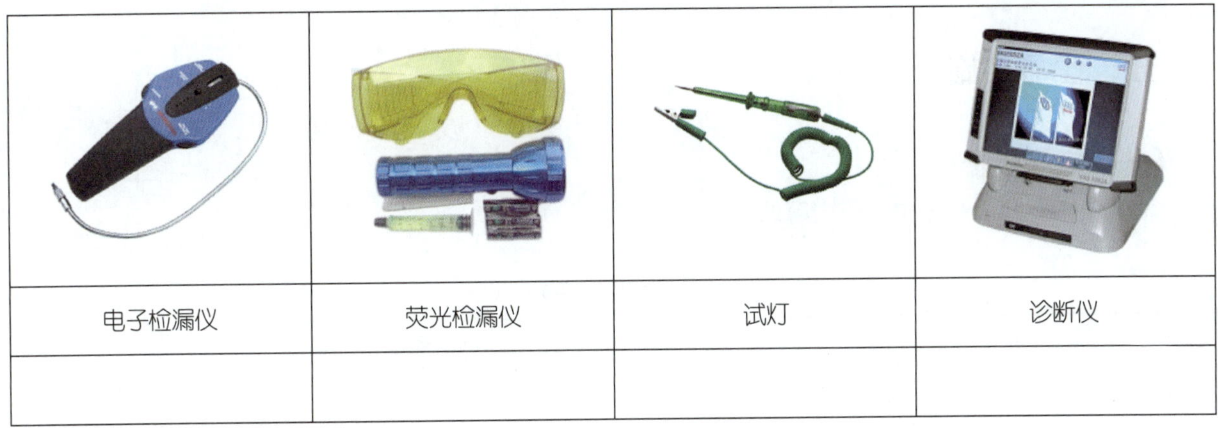

电子检漏仪	荧光检漏仪	试灯	诊断仪

三、防护措施

➢ 进入车间应穿工鞋，戴工帽，工作服应整洁、无破损，操作时不可佩戴手表等金属饰品，以防划伤车辆表面。

➢ 启动或举升车辆时，应通知其他人员远离车辆或举升机，注意安全。

➢ 更换后的零配件及油液应按规定回收处理。

识别下列三幅车间操作图片，勾选出操作正确的图片。

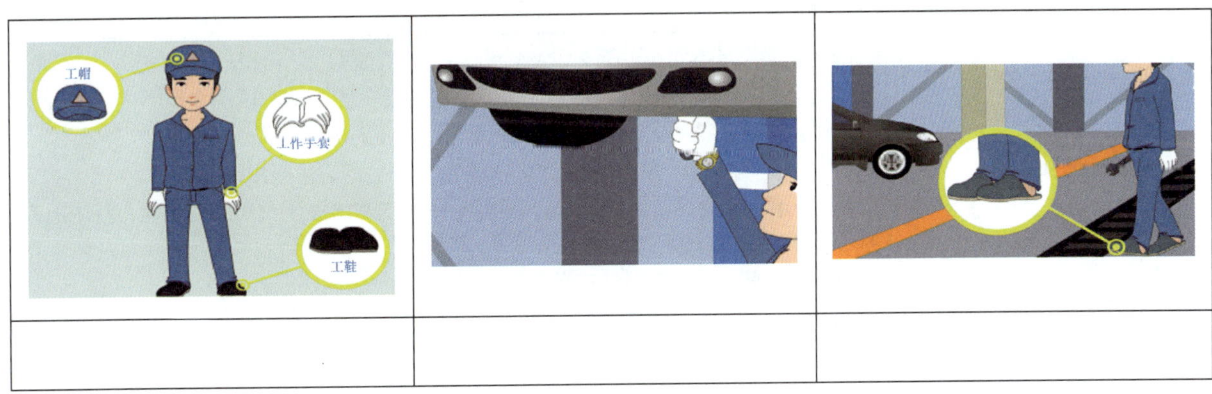

四、任务分配（见表 5-1）

表 5-1　任务分配表

职务	代码	姓名	工作内容
组长	A		监督、管理组员工作
组员	B		准备实训所需辅料及零配件
	C		
	D		准备实训所需工具及手册
	E		

五、任务实施

（一）操作步骤

完成表 5–2 和表 5–3 中工作内容的排序。

表 5–2　膨胀阀更换操作步骤

序号	项目	工作内容
	安全防护及工作准备	（1）铺设车内防护四件套 （2）打开发动机舱盖，铺设三件套 （3）使用吹尘枪清洁发动机舱
	拆卸膨胀阀	（1）扳开膨胀阀上的塑料护壳固定卡子，取下塑料护壳及泡沫护壳 （2）使用 5 mm 内六角扳手拆卸膨胀阀上高、低压管固定螺栓，并取下高、低压管 （3）使用 3 mm 内六角扳手拆卸膨胀阀上 2 颗固定螺栓，并将膨胀阀从蒸发器管路上取下
	拆卸发动机护盖及空气滤清器壳	（1）使用十字旋具拆卸发动机护盖固定螺栓，并取下发动机护盖 （2）断开曲轴箱通风电磁阀插接器，拆卸空气滤清器壳固定橡胶圈 （3）使用卡簧钳拆卸曲轴箱通风管固定卡簧及空气滤清器壳固定卡簧，并取下空气滤清器壳
	安装膨胀阀	（1）更换蒸发器管路上的 2 个密封圈，并在密封圈上均匀涂抹冷冻机油 （2）将膨胀阀安装在蒸发器管路上，使管路插入膨胀阀，使用 3 mm 内六角扳手安装固定螺栓，并用扭力扳手以 5 N · m 规定力矩拧紧 （3）更换高、低压管上的密封圈，并在密封圈上均匀涂抹冷冻机油 （4）将高、低压管插进膨胀阀，使用 5 mm 内六角扳手安装固定螺栓，并用扭力扳手以 12 N · m 规定力矩拧紧 （5）安装膨胀阀上的泡沫护壳及塑料护壳
	安装空气滤清器壳及发动机护盖	（1）将空气滤清器壳放至原安装位置，注意曲轴箱通风管与进气管需要同时插入 （2）使用卡簧钳安装曲轴箱通风管及进气管固定卡簧 （3）安装空气滤清器壳固定橡胶圈，并连接曲轴箱通风电磁阀插接器 （4）安装发动机护盖，并使用十字旋具安装固定螺栓

表 5–3　制冷系统测漏操作步骤

序号	项目	工作内容
1	泡沫检查法	（ ）连接氮气瓶与制冷剂歧管压力表加注接头 （ ）旋开氮气瓶阀，打开歧管压力表管阀，向空调制冷系统充入氮气，当空调系统压力升至 1 ~ 2 MPa 时，停止充气 （ ）关闭歧管压力表管阀，保持上述压力 5 ~ 10 min，其间用肥皂水刷抹在各焊缝、法兰、阀门及丝扣等连接处进行检漏 （ ）如有气泡出现，说明制冷系统存在泄漏，做好记号，待全部检漏完毕，将氮气放掉，进行补焊或修理 （ ）处理妥当后继续检漏确保修复成功 （ ）如没有气泡出现，则说明当前压力下，制冷系统不存在泄露

续表

<table>
<tr><th>序号</th><th>项目</th><th>工作内容</th></tr>
<tr><td rowspan="2">1</td><td>荧光测漏检查法</td><td>（ ）抽真空结束后，将荧光剂由中间加注管加注进制冷系统，并加注制冷剂
（ ）启动发动机，并打开鼓风机及 A/C 开关，运行一段时间
（ ）带上专用眼镜，使用荧光检漏仪照射疑似泄漏的部位，若该部位在照射下呈荧光绿色，则该部位发生泄漏，否则为正常</td></tr>
<tr><td>电子检漏仪检查法</td><td>（ ）制冷剂加注完毕，启动发动机，并打开鼓风机及 A/C 开关，运行一段时间
（ ）打开电子检漏仪开关并调节其灵敏度及音量
（ ）将检测探头靠近疑似泄漏的部位
（ ）若电子检漏仪发出警报声，则该部位发生泄漏，探头越靠近泄漏部位，发出声音的频率越快；若电子检漏仪无反应，则制冷系统正常</td></tr>
<tr><td>2</td><td>整理</td><td>（ ）撤去三件套并关闭发动机舱盖
（ ）撤去车内防护四件套，整理工具及现场卫生</td></tr>
</table>

（二）实施记录

根据实际操作情况，完成表 5-4 的填写。

表 5-4 实施记录单

<table>
<tr><td rowspan="4">膨胀阀拆装</td><td rowspan="2">拆装过程</td><td colspan="2">拆装过程是否顺利</td><td colspan="2">所遇问题</td><td>处理措施</td></tr>
<tr><td colspan="2">是 □ 否 □</td><td colspan="2"></td><td></td></tr>
<tr><td rowspan="2">标准</td><td colspan="3">膨胀阀固定螺栓拧紧力矩</td><td colspan="2">高、低压管固定螺栓拧紧力矩</td></tr>
<tr><td colspan="3">________ N · m</td><td colspan="2">________ N · m</td></tr>
<tr><td colspan="2" rowspan="2">泡沫检查法测漏</td><td>打压压力</td><td colspan="2">保持时间</td><td>保持压力</td><td>泄漏点</td></tr>
<tr><td>________ MPa</td><td colspan="2">________ min</td><td>________ MPa</td><td></td></tr>
</table>

六、检查

（一）自检

结合本组任务操作过程，对任务执行过程中的操作规范性进行检查，检查操作过程中是否存在以下问题，分析讨论应如何避免并总结规范的操作方法（见表 5-5）。

表 5-5 自检

项目	结果
膨胀阀拆卸是否正确	是 □ 否 □
膨胀阀安装是否正确	是 □ 否 □
制冷系统测漏是否正确	是 □ 否 □
现场及工具整理是否到位	是 □ 否 □

（二）互检

组与组之间相互进行任务操作过程及结果检查，并将检查结果填写在表 5-6 中。

表 5-6　互检

项目	结果
膨胀阀拆卸是否正确	是☐　否☐
膨胀阀安装是否正确	是☐　否☐
制冷系统测漏是否正确	是☐　否☐
现场及工具整理是否到位	是☐　否☐

七、课堂小结

____

____

____

情境二

空调系统压力检测

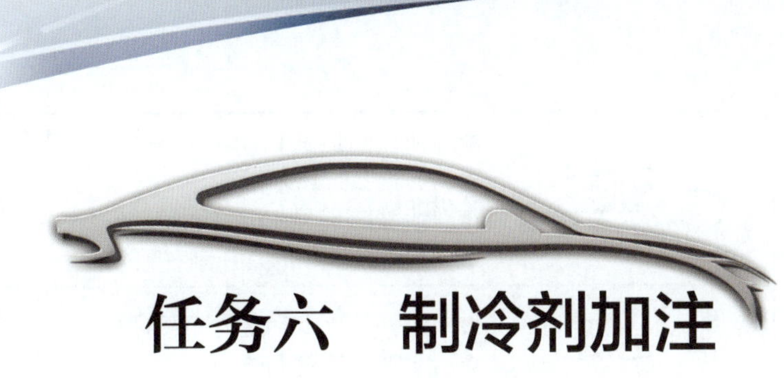

任务六　制冷剂加注

<table>
<tr><th colspan="7">制冷剂加注任务工单</th></tr>
<tr><td>客户信息</td><td>姓名</td><td colspan="2"></td><td>电话</td><td colspan="2"></td></tr>
<tr><td rowspan="2">车辆信息</td><td colspan="2">车型</td><td colspan="2">VIN 码</td><td colspan="2">行驶里程</td></tr>
<tr><td colspan="2"></td><td colspan="2"></td><td colspan="2"></td></tr>
<tr><td>客户描述</td><td colspan="6">空调系统保养 □　空调系统不制冷 □　鼓风机不运转 □
空调系统制冷效果差 □　冷却风扇不运转 □　冷却风扇运转不良 □
空调出风口温度无法调节 □　空调运转时伴有异响 □　空调异味 □
其他：</td></tr>
<tr><th colspan="3">车辆外观检查</th><th colspan="4">车辆内部检查</th></tr>
<tr><td colspan="3">凹凸 □
划痕 □
石击 □
油漆 □</td><td colspan="4">污渍 □
破损 □
色斑 □
变形 □</td></tr>
<tr><td>明确具体工作任务</td><td colspan="6"></td></tr>
</table>

任务目标

- 能够使用制冷剂加注回收机对制冷系统的制冷剂进行回收和加注
- 能够使用歧管压力表对制冷系统的制冷剂进行加注
- 能够使用制冷剂加注回收机对制冷系统的冷冻机油进行加注

续表

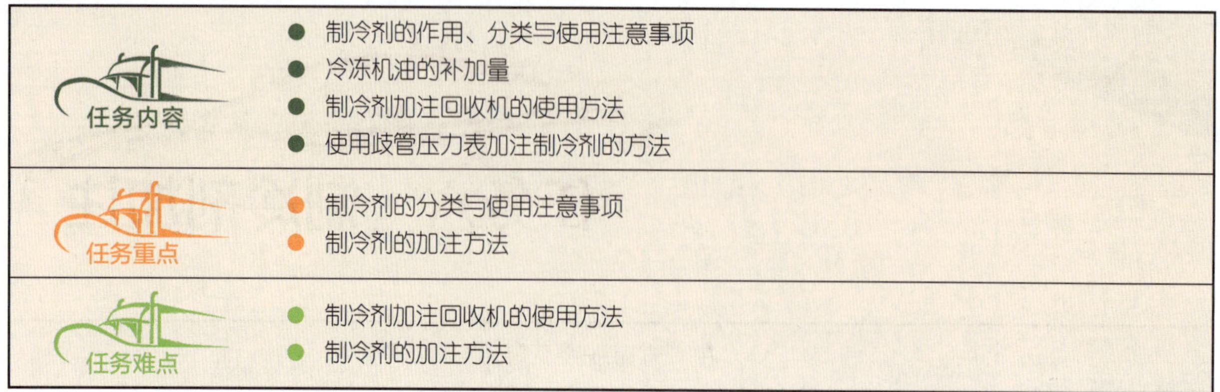

任务内容	● 制冷剂的作用、分类与使用注意事项 ● 冷冻机油的补加量 ● 制冷剂加注回收机的使用方法 ● 使用歧管压力表加注制冷剂的方法
任务重点	● 制冷剂的分类与使用注意事项 ● 制冷剂的加注方法
任务难点	● 制冷剂加注回收机的使用方法 ● 制冷剂的加注方法

一、知识讲解

（一）制冷剂的作用、分类与使用注意事项

1. 制冷剂的作用

制冷剂又称冷媒，是空调制冷系统中负责热量传递的介质，现代轿车和家用空调中广泛采用的制冷剂为氟利昂制冷剂，氟利昂是一种透明、无味、无毒、不易燃烧、不易爆炸和具有化学稳定性的制冷剂。不同化学组成和结构的氟利昂制冷剂热力学性能相差很大，适用于高温、中温和低温压缩机，以满足不同制冷温度的要求。

2. 制冷剂的分类

常用的氟利昂制冷剂有 R12、R22、R32、R502 及 R134a 等，汽车空调制冷系统采用的氟利昂制冷剂为 R12 和 R134a，如图 6–1 所示。

R12　　　　R134a

图 6–1　常用汽车空调制冷剂

R12 具有较好的热力学性能，冷藏压力较低，采用风冷或自然冷凝。R12 的标准蒸发温度为 –29 ℃，属于中温制冷剂，用于中、小型活塞式汽车压缩机，可获得 –70 ℃的低温。但因其排放到空气中的氯原子会对大气层中的臭氧层造成破坏，故后来逐渐被 R134a 所替代。

R134a 是较新型的制冷剂，其蒸发温度为 -26.5 ℃。它的主要热力学性能与 R12 相似，且其成分中不含氯原子，不会破坏臭氧层，是比较理想的 R12 替代制冷剂。在安全性能方面，其与 R12 一样不易燃、不易爆炸、无毒、无刺激性、无腐蚀性。

3. 制冷剂的使用注意事项

氟利昂对水的溶解度小，制冷装置中进入水分后会产生酸性物质，并容易造成低温系统的“冰堵”，堵塞膨胀阀或管道，因此，必须保证制冷系统中干燥、无水分。

R134a 与天然橡胶在一起会产生化学作用，造成橡胶元件损坏，制冷系统密封度不良，因此，采用 R134a 的制冷系统不能使用天然橡胶元件进行密封，应采用丁腈橡胶垫片或密封圈。

R134a 与 R12 两种制冷剂的冷冻机油不能混用，因为这两种冷冻机油不相溶。

检修制冷系统时应戴好防护眼镜和防护手套，如图 6-2 所示。切忌让液态制冷剂接触皮肤，特别是手和眼睛，以免被冻伤。

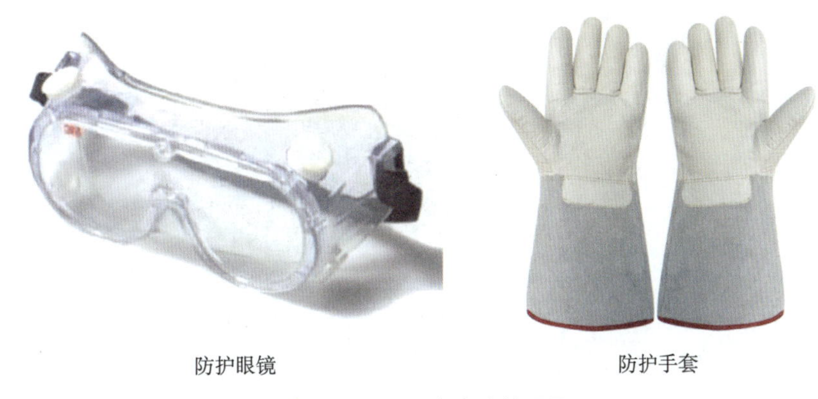

防护眼镜　　防护手套

图 6-2　安全防护用具

R134a 在高温环境下易生成有毒气体卤化氢，因此，R134a 应储存在阴凉、干燥处，且须保证室内通风良好，以防在密闭环境下 R134a 泄漏而引起缺氧窒息。

（二）制冷剂的加注方法

制冷剂加注分为完全加注和补充加注。完全加注是指在对制冷系统进行维修、维护过程中所有需要重新加注制冷剂的情况，补充加注则是因制冷系统中制冷剂缺少所进行的补充。

1. 加注前的准备工作

（1）抽真空

对制冷系统维修完毕，为防止残留在制冷系统内部的空气和水分对制冷系统工作造成影响，在加注制冷剂前应对制冷系统内部进行抽真空操作，以排除制冷系统中残留的空气和水分。抽真空后应先使制冷系统保持真空状态 5 ~ 10 min，并观察压力表变化情况，确定有无压力回升，以此判断系统是否存在泄漏，如图 6-3 所示。

（2）补加冷冻机油

由于制冷系统中的冷冻机油会随着制冷剂进行循环，被更换的制冷系统部件中都会存有部分冷冻机油，因此，对制冷剂进行加注前应先补充加注冷冻机油。

冷冻机油的补加量应根据所换部件中可能存留的冷冻机油量进行相应的补充加注。一般情况下大部分冷冻机油仍留在压缩机内部，约占制冷系统中冷冻机油总量的 50%，储液干燥器中存留的冷冻机

油约占总量的 20%，制冷剂管路、蒸发器和冷凝器中存留的冷冻机油约各占总量的 10%，如图 6-4 所示。冷冻机油的总量可通过维修手册或保养手册查询获得。

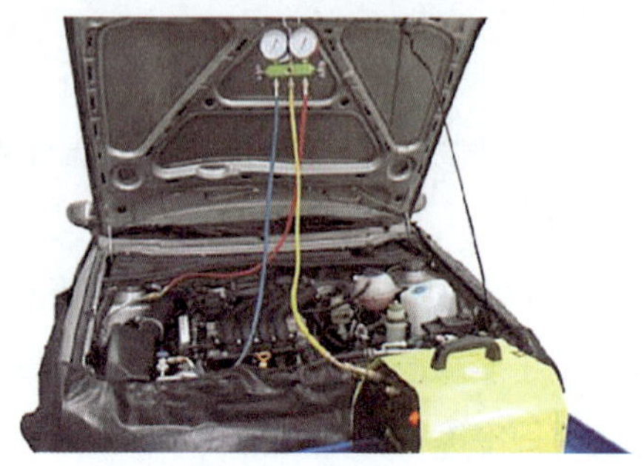

对制冷系统抽真空

观察 5 ~ 10 min

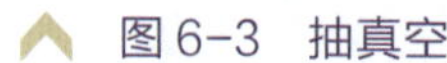

图 6-3 抽真空

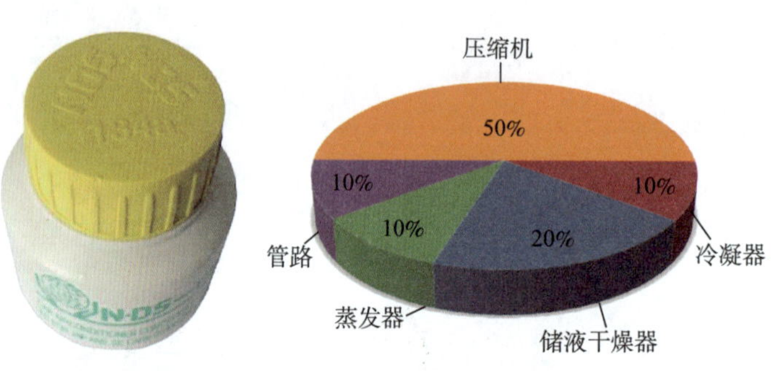

冷冻机油　　冷冻机油在制冷系统各部件中的存留量

图 6-4 冷冻机油及冷冻机油在制冷系统各部件中的存留量

2. 制冷剂加注回收机的使用方法

现在市面上所采用的汽车空调制冷剂加注回收机种类繁多，如图 6-5 所示，但其基本原理和操作方式大致相同，都具有回收、抽真空、加注三个功能。

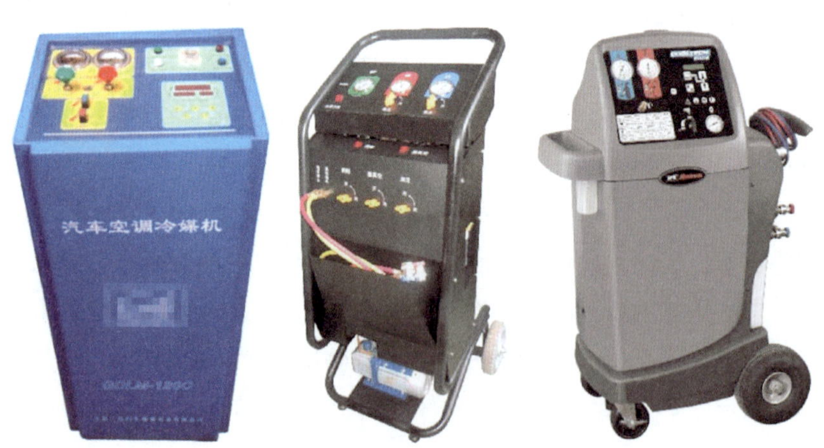

图 6-5 制冷剂加注回收机

（1）使用制冷剂加注回收机回收制冷剂

回收制冷剂时，首先使用连接软管将制冷剂加注回收机上的高、低压接口分别与空调制冷系统的高、低压维护接口相连接，并打开制冷剂加注回收机上的高、低压侧阀门，打开回收阀门，按下回收开关。此时，回收、再生过程开始，回收开关指示灯点亮，在此过程中从制冷系统中回收的制冷剂量会在电子秤数字显示器上显示出来，单位为 kg（注意：若制冷剂加注回收机带有电子秤开关，则应在回收开始前按下电子秤开关）。回收的同时，制冷剂加注回收机会自动将制冷剂中的冷冻机油分离出来并排放到制冷剂加注回收机后方带刻度的回油瓶中。

（2）使用制冷剂加注回收机对制冷系统抽真空

连接制冷剂加注回收机与空调制冷系统的高、低压管路，并按下制冷剂加注回收机上的真空泵开关，开关按钮点亮，旋动定时器按钮选择抽真空时间，真空泵开始运转，对制冷系统抽真空。定时器停止时，真空泵自动停机。

也可在制冷剂回收时按下制冷剂加注回收机上的真空泵开关，并设定好抽真空时间，此时，真空泵不会工作。当回收工作结束，再次按下制冷剂加注回收机上的回收开关，关闭回收功能后，真空泵便会自动进入抽真空功能。

（3）使用制冷剂加注回收机加注冷冻机油

通过回油瓶检查从制冷系统中过滤出的废油量，制冷系统所需的加油量一般按“废油量 +50 mL”计算，或者按推荐的数值或经验值加注。

打开制冷剂加注回收机高、低压侧阀门，缓慢打开加油瓶上面的球阀，新的冷冻机油就会被吸入制冷系统，达到所需量时马上关闭球阀，即可完成加油过程。

（4）使用制冷剂加注回收机加注制冷剂

按下制冷剂加注回收机上质量显示区域下方的“清零”按钮，使质量清零。然后打开制冷剂加注回收机上的加注阀门，并打开制冷剂加注回收机上的高、低压侧阀门，制冷剂加注回收机开始对制冷系统进行加注，此时应注意观察制冷剂加注回收机上的质量数字变化，加注到规定值时停止加注。

3. 使用歧管压力表加注制冷剂的方法

（1）使用歧管压力表与真空泵对制冷系统抽真空

1）将歧管压力表高、低压管的快速接头分别与空调制冷系统的高、低压管连接。

2）将歧管压力表中间黄色的加注管与真空泵的吸气口连接。

3）打开歧管压力表的高、低压侧阀门和加注管前端的阀门，并启动真空泵。

4）连续抽真空 15 min 以上，关闭歧管压力表高、低压侧阀门和真空泵，停置 5 ~ 10 min 后，对制冷系统进行真空检漏。

5）若制冷系统不存在泄漏，则继续抽真空 20 ~ 30 min，关闭歧管压力表高、低压侧阀门，关闭真空泵，结束抽真空工作。

（2）使用歧管压力表加注制冷剂

1）连接加注管接口与制冷剂罐，并打开制冷剂罐阀门。

2）稍微拧松歧管压力表的加注管与歧管的接头，利用制冷剂罐的初始压力，将管路空气强制排出，3 ~ 5 s 后拧紧该接头。

3）打开高压侧阀门，使制冷剂从高压侧充入制冷系统中。

4）观察歧管压力表中间的观察孔及高、低压表指针变化，当制冷剂不再向高压侧流动时，关闭歧管压力表的高压侧阀门。

5）启动发动机并打开空调，将温度调至最低，运行 2 min 后，缓慢打开歧管压力表的低压侧阀门，并观察高、低压侧的压力变化。

6）当歧管压力表高、低压侧压力合适，且出风口有冷风吹出时，关闭歧管压力表低压侧阀门。然后关闭制冷剂罐阀门，取下歧管压力表。

二、任务准备

在完成本任务所需的物品下面打“√”号。

 扭力扳手	 工具车	 三件套	 吹尘枪
 万用表	 工作灯	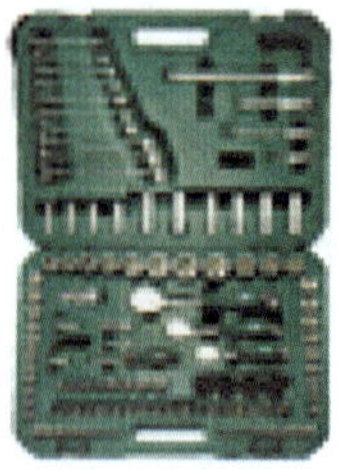 工具套装	 抹布
 温度计	 工作台	 零件车	 台虎钳
 尖嘴钳	 歧管压力表	 制冷剂加注回收机	 真空泵（两用）

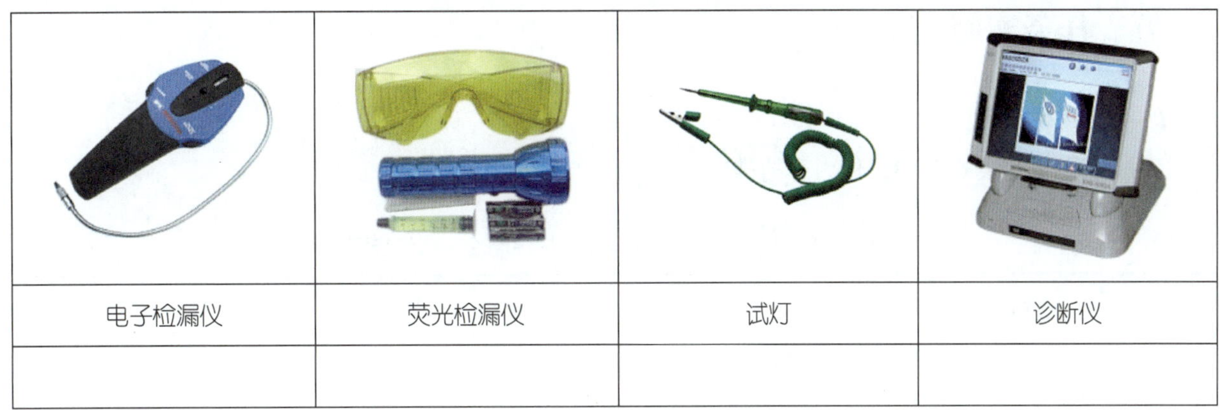

电子检漏仪	荧光检漏仪	试灯	诊断仪

三、防护措施

➢ 进入车间应穿工鞋，戴工帽，工作服应整洁、无破损，操作时不可佩戴手表等金属饰品，以防划伤车辆表面。

➢ 使用歧管压力表加注冷冻机油后，必须进行二次抽真空，方可进行制冷剂加注。

➢ 更换后的零配件及油液应按规定回收处理。

识别下列三幅车间操作图片，勾选出操作正确的图片。

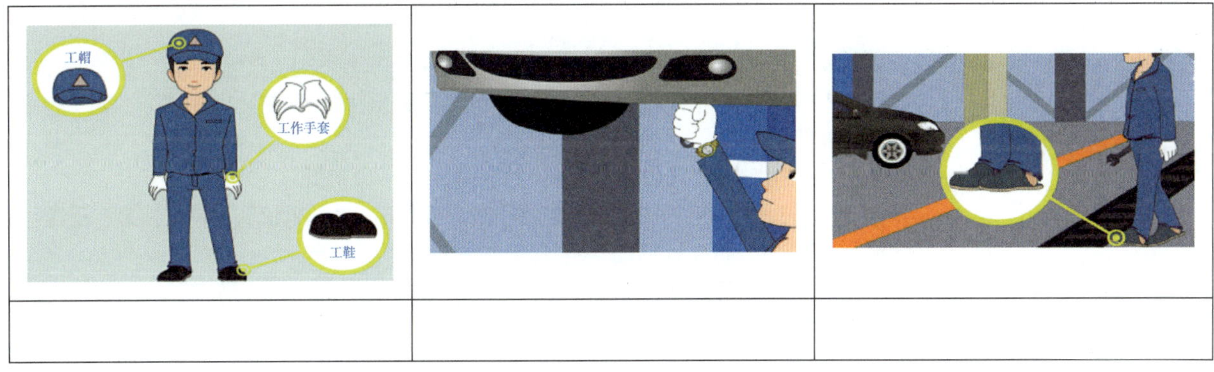

四、任务分配（见表 6-1）

表 6-1　任务分配表

职务	代码	姓名	工作内容
组长	A		监督、管理组员工作
组员	B		准备实训所需辅料及零配件
	C		
	D		准备实训所需工具及手册
	E		

五、任务实施

（一）操作步骤

完成表 6–2 和表 6–3 中工作内容的排序。

表 6–2　使用制冷剂加注回收机加注制冷剂操作步骤

序号	项目	工作内容
	安全防护及工作准备	（1）铺设车内防护四件套 （2）打开发动机舱盖，铺设三件套 （3）使用吹尘枪清洁发动机舱
	连接制冷剂加注回收机并抽真空	（1）将制冷剂加注回收机的高、低压管接头与车辆的空调制冷系统管路相连接 （2）启动真空泵，并打开高、低压侧阀门，开始抽真空 15 min 以上 （3）抽真空结束后，关闭高、低压侧阀门，关闭真空泵
	静态加注制冷剂	（1）查阅维修手册，获取制冷剂加注量 （2）打开制冷剂罐阀门，打开高、低压侧阀门，打开加注阀门，开始加注制冷剂，加注时注意观察制冷剂加注回收机上制冷剂的质量变化 （3）当制冷剂加注回收机制冷剂质量不再变化时，关闭高、低压侧阀门
	动态加注制冷剂	（1）启动发动机，打开鼓风机并将风速调至最大，打开 A/C 开关，将温度调至最低 （2）打开低压侧阀门，继续加注制冷剂，并观察制冷剂的质量变化 （3）额定量的制冷剂加注完毕，关闭高、低压侧阀门，关闭加注阀门，关闭制冷剂罐阀门 （4）使用出风口温度计测量出风口温度，低于 10 ℃即为正常 （5）关闭制冷剂加注回收机电源开关，拆卸高、低压管接头，并安装高、低压管接口防尘帽，制冷剂加注完毕
	整理	（1）整理制冷剂加注回收机，并将其放回原来位置 （2）撤去三件套并关闭发动机舱盖 （3）撤去车内防护四件套，整理工具及现场卫生

表 6–3　使用歧管压力表加注制冷剂操作步骤

序号	项目	工作内容
	回收制冷剂并抽真空	（1）确认歧管压力表所有阀门均在关闭状态，连接歧管压力表（高、低压管各有一个快接头，接入快接头后，再拧紧快接头上的螺旋开关即可彻底接合） （2）缓慢打开歧管压力表阀门，使制冷剂缓慢泄放，排出歧管压力表加注管（黄色管）内的空气 （3）以较快的速度将歧管压力表加注管连接至制冷剂回收罐，在此期间，制冷剂仍以较慢的流速排出 （4）打开制冷剂回收罐阀门，打开歧管压力表高、低压侧阀门 （5）制冷剂自然泄放到制冷剂回收罐中 （6）回收完毕，关闭所有阀门，将歧管压力表加注管连接至便携式真空泵接口 （7）打开所有阀门，启动真空泵，抽真空 15 min 后，关闭所有阀门

续表

序号	项目	工作内容
	检漏	（1）抽真空结束后，观察歧管压力表读数，记录高、低压管路当前的压力，静态保持真空负压 10 min 或更长时间 （2）其间，通过观察歧管压力表读数是否变化，判断管路压力是否有回升 （3）若管路压力有回升，则说明制冷系统可能存在泄漏，并检修泄漏点；若管路压力没有回升，则说明制冷系统无泄漏
	静态加注制冷剂	（1）查阅维修手册，确认制冷剂加注量 （2）将针阀开关装在制冷剂罐上，并将加注管与针阀开关连接 （3）略微松开加注管与歧管压力表连接的接口，使该接口出现泄漏点，顺时针旋转针阀开关，使针阀顶开制冷剂罐罐体，再逆时针旋转松开针阀开关使制冷剂输出，此时制冷剂将从加注管与歧管压力表连接的接口微漏，排净加注管内空气，接着拧紧加注管与歧管压力表连接的接口 （4）打开歧管压力表高、低压侧阀门，在发动机静止状态下加注制冷剂，并观察歧管压力表高、低压侧压力，直至制冷剂罐内制冷剂加注完毕，关闭歧管压力表高、低压侧阀门 （5）更换制冷剂罐，重复步骤第（2）步～第（4）步继续加注制冷剂，直至制冷剂罐内压力与制冷系统管路压力达到平衡且制冷剂加注量未满时，进入动态加注步骤
	动态加注制冷剂	（1）启动发动机，打开鼓风机并将风速调至最大，打开 A/C 开关，将温度调至最低 （2）关闭歧管压力表高压侧阀门，打开其低压侧阀门，从低压侧加入制冷剂，并观察歧管压力表，低压侧压力应为 0.2～0.25 MPa，高压侧压力为 1～1.5 MPa（注意：发动机启动状态下严禁从歧管压力表高压侧加注制冷剂） （3）使用出风口温度计测量出风口温度，参照维修手册确定温度标准值（通常为 3～5 ℃） （4）制冷剂加注完毕，关闭所有阀门
	整理	（1）拧松歧管压力表与制冷系统高、低压管接口的螺旋开关，取下高、低压管快接头 （2）安装高、低压管接口防尘帽 （3）整理现场和工具

（二）实施记录

根据实际操作情况，完成表 6-4 的填写。

表 6-4　实施记录单

项目	标准制冷剂加注量	实际制冷剂加注量	出风口温度	制冷系统压力	
				高压	低压
制冷剂加注回收机加注	________ g	________ g	________℃	________ kPa	________ kPa
歧管压力表加注	________ g	________ g	________℃	________ kPa	________ kPa

六、检查

（一）自检

结合本组任务操作过程，对任务执行过程中的操作规范性进行检查，检查操作过程中是否存在以下问题，分析讨论应如何避免并总结规范的操作方法（见表 6–5）。

表 6–5　自检

项目	结果
制冷系统出风口温度是否正常	是 □　否 □
制冷系统压力是否正常	是 □　否 □
工具、现场整理是否到位	是 □　否 □

（二）互检

组与组之间相互进行任务操作过程及结果检查，并将检查结果填写在表 6–6 中。

表 6–6　互检

项目	结果
制冷系统出风口温度是否正常	是 □　否 □
制冷系统压力是否正常	是 □　否 □
工具、现场整理是否到位	是 □　否 □

七、课堂小结

____

____

____

任务七　制冷系统压力检测（一）

制冷系统压力检测任务工单——设备使用					
客户信息	姓名		电话		
车辆信息	车型		VIN 码		行驶里程
客户描述	空调系统保养 □ 空调系统制冷效果差 □ 空调出风口温度无法调节 □ 其他：		空调系统不制冷 □ 冷却风扇不运转 □ 空调运转时伴有异响 □		鼓风机不运转 □ 冷却风扇运转不良 □ 空调异味 □
车辆外观检查			车辆内部检查		
凹凸 □			污渍 □		
划痕 □			破损 □		
石击 □			色斑 □		
油漆 □			变形 □		
明确具体工作任务					

任务目标

- 能够对制冷系统进行压力检测，并对制冷系统压力检测结果进行分析

任务内容

- 制冷系统压力检测的含义
- 制冷系统压力的检测方法及结果分析

续表

 任务重点	● 制冷系统压力的检测方法 ● 制冷系统压力检测结果分析
 任务难点	● 制冷系统压力检测结果分析

一、知识讲解

（一）制冷系统压力检测

1. 制冷系统压力检测的含义

制冷系统压力检测是检测制冷系统中制冷剂运行状态的一种方法，通过对制冷系统进行压力检测，可以分析判断制冷系统中膨胀阀与压缩机的工作情况、制冷剂的含量，以及是否可能存在空气和水分。

2. 制冷系统压力的检测方法

（1）将歧管压力表上的高、低压管分别连接在制冷系统高、低压管路的快速检测接口上。

（2）启动发动机，打开空调开关，将温度调至最低、风速调至最大。

（3）观察歧管压力表上的指针变化，读取歧管压力表上的压力值。

（二）制冷系统压力检测结果分析

1. 制冷系统中的压力变化

当制冷系统不工作时，制冷系统内部高压侧与低压侧的压力是相近的。打开空调开关后，压缩机开始工作，不断将低压侧的制冷剂抽送到高压侧，高压侧的压力逐渐上升至 1.5 MPa 左右，由于膨胀阀的节流作用，低压侧的压力下降至 0.15 ~ 0.2 MPa。

2. 影响制冷系统内部压力变化的因素

（1）制冷剂加注过多或泄漏对制冷系统压力的影响

若制冷剂加注过多，会导致制冷系统内部压力过高，从而影响制冷剂的流动与蒸发效果，导致制冷效果下降，此时检测到的制冷系统高、低压侧的压力都高于正常值。

若制冷剂存在泄漏，则会导致高、低压侧的压力都低于正常值。

（2）冷凝器散热效果差

制冷系统的运行遵守能量守恒定律，即蒸发器吸收多少热量，冷凝器就会散发多少热量。若冷凝器散热效果差，将会导致高压侧的压力升高，制冷剂无法完全散热并液化，从而导致经过膨胀阀的制冷剂为气液混合态，无法完全蒸发并吸收热量，且低压侧的压力也高于正常值。冷凝器散热也会导致高、低压侧压力均过高，可通过对冷凝器淋水的方法进行判断。向冷凝器淋水后，若压力明显下降，则原因可能是冷凝器散热效果变差，应对冷凝器进行检查。

（3）制冷系统中存在空气或水分

由于空气在制冷系统中不可压缩，且外界环境温度对其体积影响较小，因此当制冷系统中进入空气后，空气随制冷剂循环，会对制冷系统压力造成干扰，导致高压侧或低压侧压力波动，反映到歧管压力表上的变化就是歧管压力表指针抖动或不规则地跳动。

若制冷系统中存在水分，则水分在随制冷剂流动过程中经过膨胀阀时，可能会结冰使膨胀阀堵塞，从而导致低压侧压力偏低、高压侧压力偏高，膨胀阀的冰融化后，压力便又恢复正常，制冷系统的制冷效果时好时坏。

（4）膨胀阀或压缩机损坏

膨胀阀损坏可能会产生两种现象，一种是膨胀阀开启过大，制冷剂流动过快，从而导致高压侧压力过低、低压侧压力过高；另一种则是膨胀阀开启过小，制冷剂流动过慢，导致高压侧压力过高、低压侧压力过低。

压缩机损坏或功率下降将会导致制冷系统的高压侧压力过低、低压侧压力过高，制冷剂流动过慢，制冷效果差。当制冷系统出现高压侧压力过低、低压侧压力过高的现象时，只需通过检测压缩机进、出口的温度差，即可判断是压缩机的问题还是膨胀阀的问题。若压缩机进、出口温差在 30 ℃以上，则说明可能是膨胀阀损坏；若温差在 30 ℃以下，则说明可能是压缩机功率下降或损坏。

（5）储液干燥器对制冷系统压力的影响

制冷系统中的储液干燥器饱和后，吸水性能变差，可能会导致制冷系统中存在水分，影响制冷系统的工作。另外，若膨胀阀中的干燥剂脱落，则会导致干燥剂堵塞储液干燥器，从而产生与膨胀阀相同的节流作用，导致低压侧压力低于正常值，或高压侧的压力高于正常值，制冷效果明显下降。此种现象可通过观察储液干燥器出口处判断，若储液干燥器出口处结霜，则应更换储液干燥器。

3. 制冷系统压力分析注意事项

在对制冷系统压力进行分析时，还应考虑以下因素对制冷系统压力的影响。

（1）环境温度

由于制冷剂受环境温度影响较大，因此环境温度不同，制冷剂压力也会不同，例如，春秋环境温度为 20 ℃时与夏季环境温度为 40 ℃时，制冷剂的压力就不相同。

（2）压力检测口位置

压力检测口的位置不同，测得的压力值也不相同，例如，高压检测口在冷凝器前方时和在冷凝器后方时，检测压力就有所不同，因此在检测时应针对具体情况具体分析。

二、任务准备

在完成本任务所需的物品下面打“√”号。

温度计	工具车	三件套	吹尘枪

 工作台	 工作灯	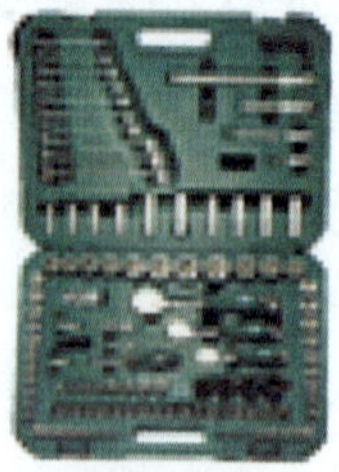 工具套装	 抹布

尖嘴钳	歧管压力表	制冷剂加注回收机	真空泵（两用）
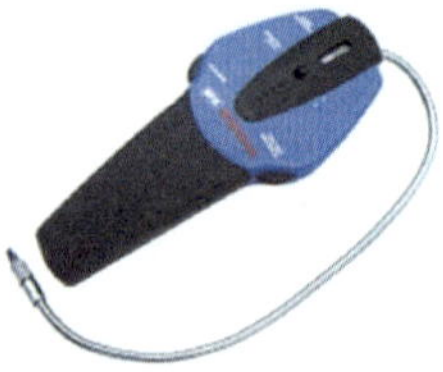	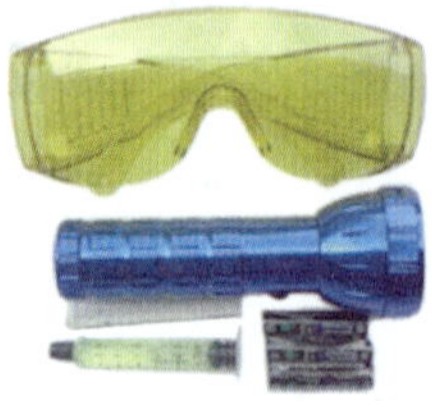		
电子检漏仪	荧光检漏仪	制冷剂	诊断仪

三、防护措施

➢ 进入车间应穿工鞋，戴工帽，工作服应整洁、无破损，操作时不可佩戴手表等金属饰品，以防划伤车辆表面。

➢ 使用歧管压力表对制冷系统加注冷冻机油后，必须进行二次抽真空，方可进行制冷剂加注。

➢ 更换后的零配件及油液应按规定回收处理。

识别下列三幅车间操作图片，勾选出操作正确的图片。

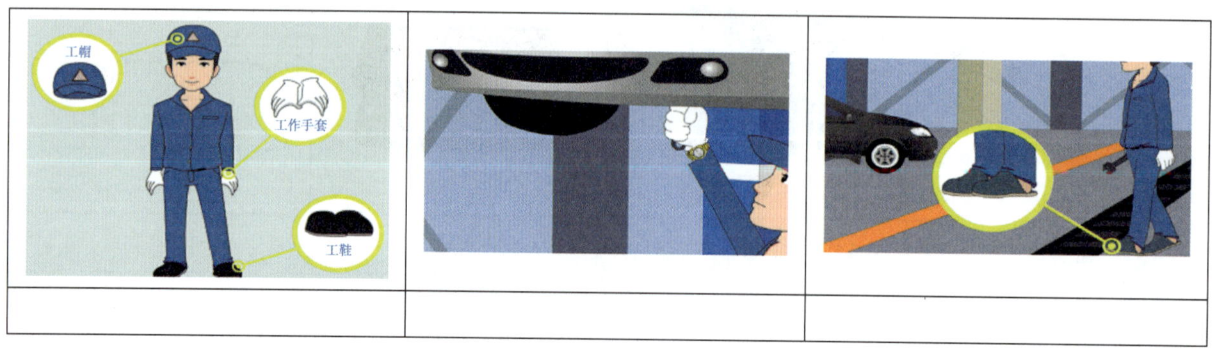

四、任务分配（见表 7-1）

表 7-1 任务分配表

职务	代码	姓名	工作内容
组长	A		监督、管理组员工作
组员	B		准备实训所需辅料及零配件
	C		
	D		准备实训所需工具及手册
	E		

五、任务实施

（一）操作步骤

完成表 7-2 中工作内容的排序。

表 7-2 制冷系统压力检测操作步骤

项目	顺序	工作内容
安全防护及工作准备		铺设车内防护四件套
		打开发动机舱盖，铺设三件套
		准备歧管压力表
测量空调制冷系统压力		使发动机处于关闭状态，连接歧管压力表，红色管路连接至制冷系统高压管接口（防尘帽 H 字样），蓝色管路连接至低压管接口（防尘帽 L 字样），并确保高、低压侧阀门处于关闭状态
		将高、低压侧阀门打开，并观察歧管压力表读数。在自然状态下，制冷系统高压侧与低压侧的压力应大致相等
		启动发动机，打开 A/C 开关，并将温度调至最低
		观察歧管压力表读数，正常情况下高压侧压力应为 1.0～1.5 MPa，低压侧压力应为 0.15～0.2 MPa
拆卸歧管压力表		关闭发动机，将低压侧阀门关闭，直接取下低压管并安装防尘帽
		关闭高压侧阀门，拔下高压管接口并安装防尘帽
整理		将歧管压力表整理并装箱
		撤去三件套并关闭发动机舱盖，撤去车内防护四件套

（二）实施记录

根据实际操作情况，完成表 7-3 的填写。

表 7-3　实施记录单

<table>
<tr><td>项目</td><td colspan="2">制冷系统压力</td></tr>
<tr><td rowspan="2">歧管压力表测量</td><td>高压</td><td>低压</td></tr>
<tr><td>________ kPa</td><td>________ kPa</td></tr>
<tr><td colspan="3">根据任务实施流程和故障检测操作过程，总结制冷系统压力异常的故障现象和各种故障发生的原因，填写在下面横线处。
1. ________
2. ________
3. ________
4. ________
5. ________
6. ________
7. ________</td></tr>
</table>

六、检查

（一）自检

结合本组任务操作过程，对任务执行过程中的操作规范性进行检查，检查操作过程中是否存在以下问题，分析讨论应如何避免并总结规范的操作方法（见表 7-4）。

表 7-4　自检

项目	结果
是否正确使用歧管压力表测量制冷系统压力	是 □　否 □
制冷系统压力是否正常	是 □　否 □
工具、现场整理是否到位	是 □　否 □

（二）互检

组与组之间相互进行任务操作过程及结果检查，并将检查结果填写在表 7-5 中。

表 7-5　互检

项目	结果
是否正确使用歧管压力表测量制冷系统压力	是 □　否 □
制冷系统压力是否正常	是 □　否 □
工具、现场整理是否到位	是 □　否 □

七、课堂小结

____

____

____

任务八　制冷系统压力检测（二）

制冷系统压力检测任务工单——压力测量				
客户信息	姓名		电话	
车辆信息	车型	VIN 码	行驶里程	
客户描述	空调系统保养 □ 空调系统制冷效果差 □ 空调出风口温度无法调节 □ 其他：	空调系统不制冷 □ 冷却风扇不运转 □ 空调运转时伴有异响 □	鼓风机不运转 □ 冷却风扇运转不良 □ 空调异味 □	
车辆外观检查		车辆内部检查		
凹凸 □		污渍 □		
划痕 □		破损 □		
石击 □		色斑 □		
油漆 □		变形 □		
明确具体工作任务				

任务目标

- 能够对制冷系统进行压力检测，并对制冷系统压力检测结果进行分析

任务内容

- 制冷系统压力检测的含义
- 制冷系统压力的检测方法及结果分析

续表

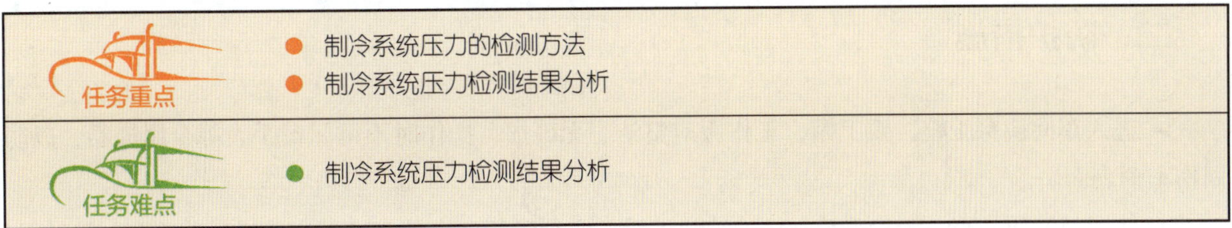

任务重点

- 制冷系统压力的检测方法
- 制冷系统压力检测结果分析

任务难点

- 制冷系统压力检测结果分析

一、任务准备

在完成本任务所需的物品下面打“√”号。

温度计	工具车	三件套	吹尘枪
工作台	工作灯	工具套装	抹布
尖嘴钳	歧管压力表	制冷剂加注回收机	真空泵（两用）
电子检漏仪	荧光检漏仪	制冷剂	诊断仪

二、防护措施

➢ 进入车间应穿工鞋，戴工帽，工作服应整洁、无破损，操作时不可佩戴手表等金属饰品，以防划伤车辆表面。

➢ 使用歧管压力表对制冷系统加注冷冻机油后，必须进行二次抽真空，方可进行制冷剂加注。

➢ 更换后的零配件及油液应按规定回收处理。

识别下列三幅车间操作图片，勾选出操作正确的图片。

		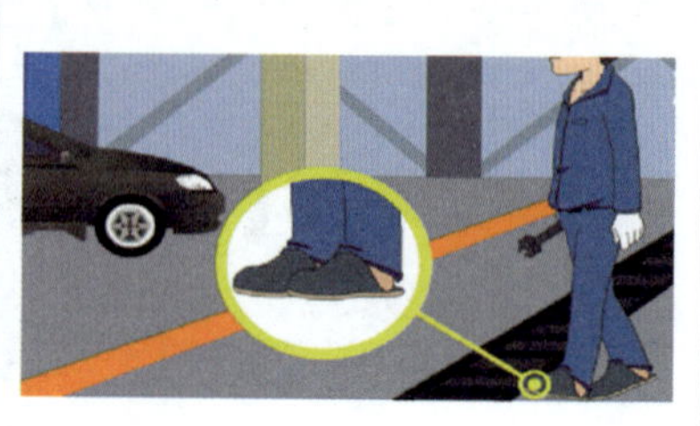

三、任务分配（见表 8-1）

表 8-1　任务分配表

职务	代码	姓名	工作内容
组长	A		监督、管理组员工作
组员	B		准备实训所需辅料及零配件
	C		
	D		准备实训所需工具及手册
	E		

四、任务实施

（一）操作步骤

完成表 8-2 中工作内容的排序。

表 8-2　制冷系统压力检测操作步骤

项目	顺序	工作内容
安全防护及工作准备		铺设车内防护四件套
		打开发动机舱盖，铺设三件套
		准备歧管压力表

续表

项目	顺序	工作内容
测量空调制冷系统压力		使发动机处于关闭状态，连接歧管压力表，红色管路连接至制冷系统高压管接口（防尘帽 H 字样），蓝色管路连接至低压管接口（防尘帽 L 字样），并确保高、低压侧阀门处于关闭状态
		将高、低压侧阀门打开，并观察歧管压力表读数。在自然状态下，制冷系统高压侧与低压侧的压力应大致相等
		启动发动机，打开 A/C 开关，并将温度调至最低
		观察歧管压力表读数，正常情况下高压侧压力应为 1.0 ~ 1.5 MPa，低压侧压力应为 0.15 ~ 0.2 MPa
拆卸歧管压力表		关闭发动机，将低压侧阀门关闭，直接取下低压管并安装防尘帽
		关闭高压侧阀门，拔下高压管接口并安装防尘帽
整理		将歧管压力表整理并装箱
		撤去三件套并关闭发动机舱盖，撤去车内防护四件套

（二）实施记录

根据实际操作情况，完成表 8-3 的填写。

表 8-3　实施记录单

项目	制冷系统压力	
歧管压力表测量	高压	低压
	________ kPa	________ kPa
根据任务实施流程和故障检测操作过程，总结制冷系统压力异常的故障现象和各种故障发生的原因，填写在下面横线处。 1. ________ 2. ________ 3. ________ 4. ________ 5. ________ 6. ________ 7. ________		

五、检查

（一）自检

结合本组任务操作过程，对任务执行过程中的操作规范性进行检查，检查操作过程中是否存在以下问题，分析讨论应如何避免并总结规范的操作方法（见表 8-4）。

表 8-4　自检

项目	结果
是否正确使用歧管压力表测量制冷系统压力	是 □　否 □
制冷系统压力是否正常	是 □　否 □
工具、现场整理是否到位	是 □　否 □

（二）互检

组与组之间相互进行任务操作过程及结果检查，并将检查结果填写在表 8-5 中。

表 8-5　互检

项目	结果
是否正确使用歧管压力表测量制冷系统压力	是 □　否 □
制冷系统压力是否正常	是 □　否 □
工具、现场整理是否到位	是 □　否 □

六、课堂小结

____

____

____

情境三

空调系统电路检查与修理

任务九　空调控制系统电路拆画

<table>
<tr><td colspan="6">空调控制系统电路拆画任务工单</td></tr>
<tr><td>客户信息</td><td>姓名</td><td colspan="2"></td><td>电话</td><td></td></tr>
<tr><td rowspan="2">车辆信息</td><td>车型</td><td colspan="3">VIN 码</td><td>行驶里程</td></tr>
<tr><td></td><td colspan="3"></td><td></td></tr>
<tr><td>客户描述</td><td colspan="5">空调系统保养 □　空调系统不制冷 □　鼓风机不运转 □
空调系统制冷效果差 □　冷却风扇不运转 □　冷却风扇运转不良 □
空调出风口温度无法调节 □　空调运转时伴有异响 □　空调异味 □
其他：</td></tr>
<tr><td colspan="3">车辆外观检查</td><td colspan="3">车辆内部检查</td></tr>
<tr><td>凹凸 □
划痕 □
石击 □
油漆 □</td><td colspan="2"></td><td>污渍 □
破损 □
色斑 □
变形 □</td><td colspan="2"></td></tr>
<tr><td>明确具体工作任务</td><td colspan="5"></td></tr>
<tr><td>任务目标</td><td colspan="5">● 能够拆画空调压缩机电磁离合器控制电路
● 能够拆画鼓风机控制电路
● 能够拆画冷凝器冷却风扇控制电路</td></tr>
<tr><td>任务内容</td><td colspan="5">● 空调压缩机电磁离合器控制电路的作用及工作原理
● 鼓风机控制电路的作用及工作原理
● 冷凝器冷却风扇控制电路的作用及工作原理</td></tr>
</table>

续表

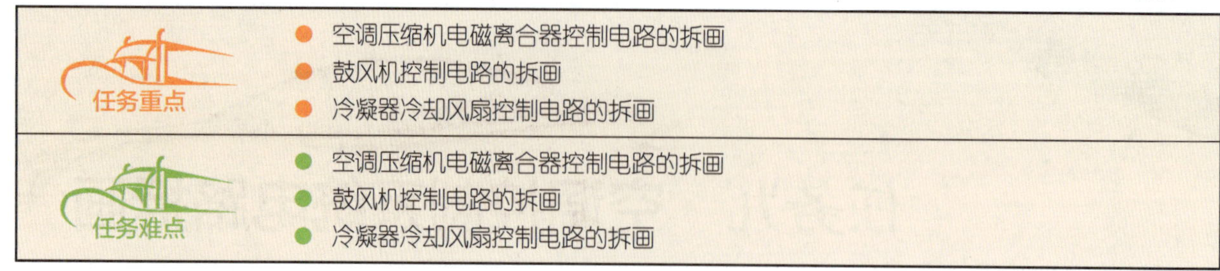

任务重点	● 空调压缩机电磁离合器控制电路的拆画 ● 鼓风机控制电路的拆画 ● 冷凝器冷却风扇控制电路的拆画
任务难点	● 空调压缩机电磁离合器控制电路的拆画 ● 鼓风机控制电路的拆画 ● 冷凝器冷却风扇控制电路的拆画

一、知识讲解

（一）空调压缩机电磁离合器控制电路的作用

空调压缩机电磁离合器控制电路的主要作用是当驾驶员打开空调开关时，根据外界环境温度、空调系统压力及发动机工况等情况，控制压缩机电磁离合器接合或断开，从而控制压缩机的运转。

空调压缩机电磁离合器控制电路主要由空调开关、鼓风机开关、外界环境温度开关、空调压力传感器、发动机控制单元、冷却风扇控制单元和压缩机电磁离合器等组成，如图 9–1 所示。

（二）鼓风机控制电路的作用

鼓风机控制电路的主要作用是打开鼓风机并控制鼓风机的转速，将车内或车外的空气引入空调通风与空气净化系统中。

鼓风机控制电路主要由鼓风机开关、鼓风机电阻和鼓风机组成，如图 9–2 所示。

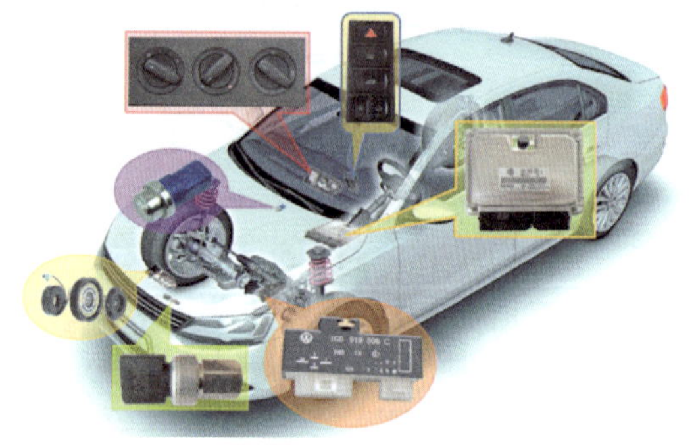

图 9–1　空调压缩机电磁离合器控制电路组成

图 9–2　鼓风机控制电路组成

（三）冷凝器冷却风扇控制电路的作用

冷凝器冷却风扇控制电路的主要作用是根据发动机冷却液温度、制冷系统内部工作压力等信号，控制冷凝器冷却风扇的运转和运转速度。

冷凝器冷却风扇控制电路主要由发动机控制单元、冷却风扇热敏开关（双温开关）、冷却风扇控制单元、空调压力传感器和冷却风扇总成等组成，如图 9–3 所示。

（四）空调压缩机电磁离合器控制电路的工作原理

空调压缩机电磁离合器控制电路如图 9–4 所示。驾驶员在驾驶过程中若需要打开空调制冷功能，则应先打开组合开关 E35 上的空调开关和鼓风机开关 E9，电流从 X 线送出，经熔断器 S36、鼓风机开关 E9 的 T6/2 号端子和组合开关 E35 的 T17a/2 号端子，组合开关 E35 收到空调开关和鼓风机开关的

打开信号，再经过组合开关 E35 的 T17a/3 号端子、外界环境温度开关 F38 向发动机控制单元 J361 的 T80/44 号端子发送空调请求信号。

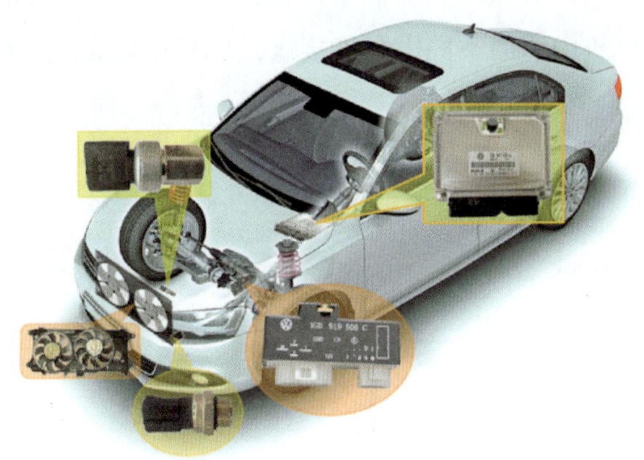

图 9-3 冷凝器冷却风扇控制电路组成

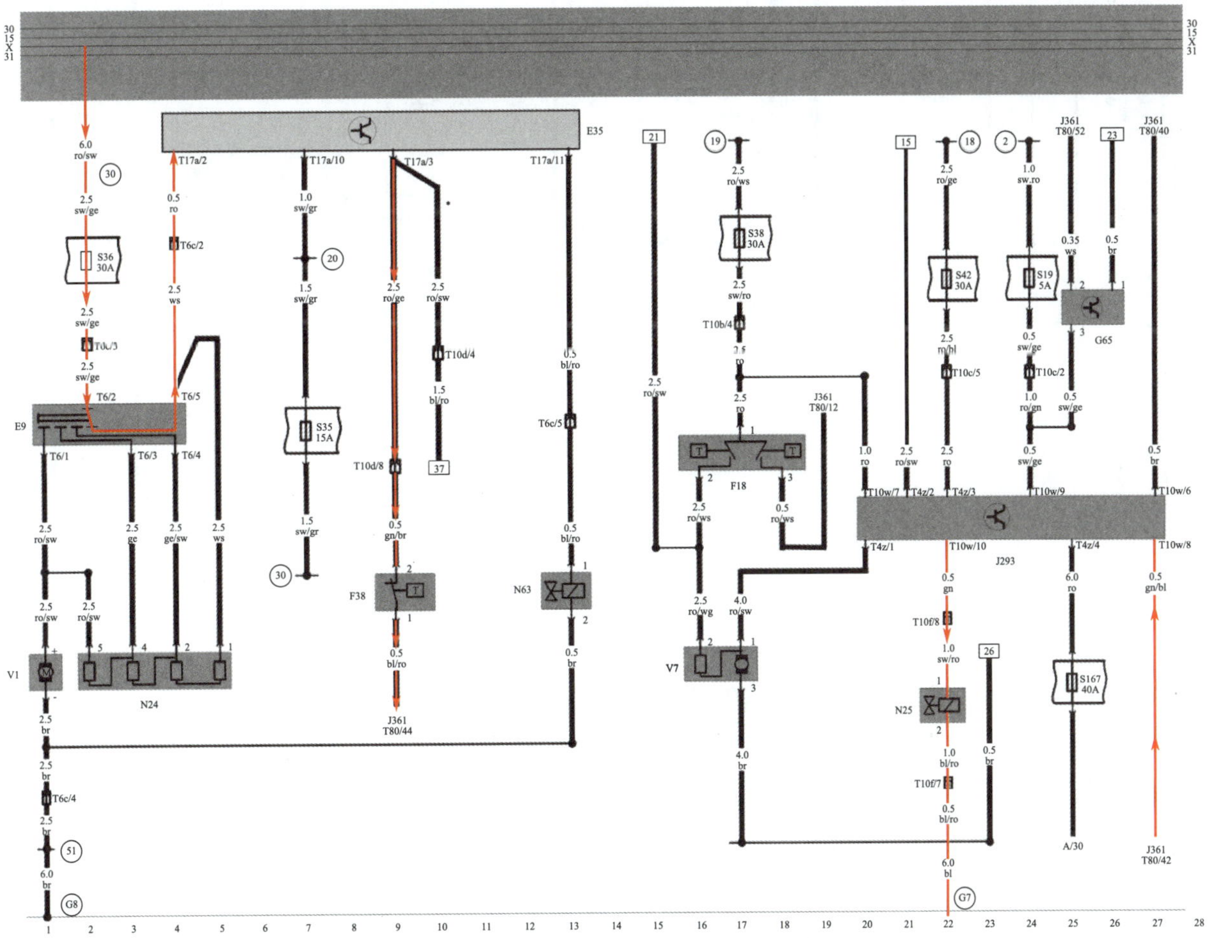

图 9-4 空调压缩机电磁离合器控制电路图

当发动机控制单元 J361 的 T80/44 号端子接收到空调请求信号电压后，根据此时发动机的冷却液温度、节气门开度和空调系统压力等条件，确定满足空调开启条件时，发动机控制单元 J361 的 T80/42 号端子使冷却风扇控制单元 J293 的 T10w/8 号端子接地，冷却风扇控制单元 J293 控制压缩机电磁离合器 N25 接合。

（五）鼓风机控制电路的工作原理

鼓风机控制电路如图 9–5 所示，鼓风机开关 E9 和鼓风机电阻 N24 串联在鼓风机控制电路中，鼓风机开关的不同挡位接通鼓风机电阻的不同电阻连接点，从而控制流向鼓风机的电流大小，以此来控制鼓风机的转速。

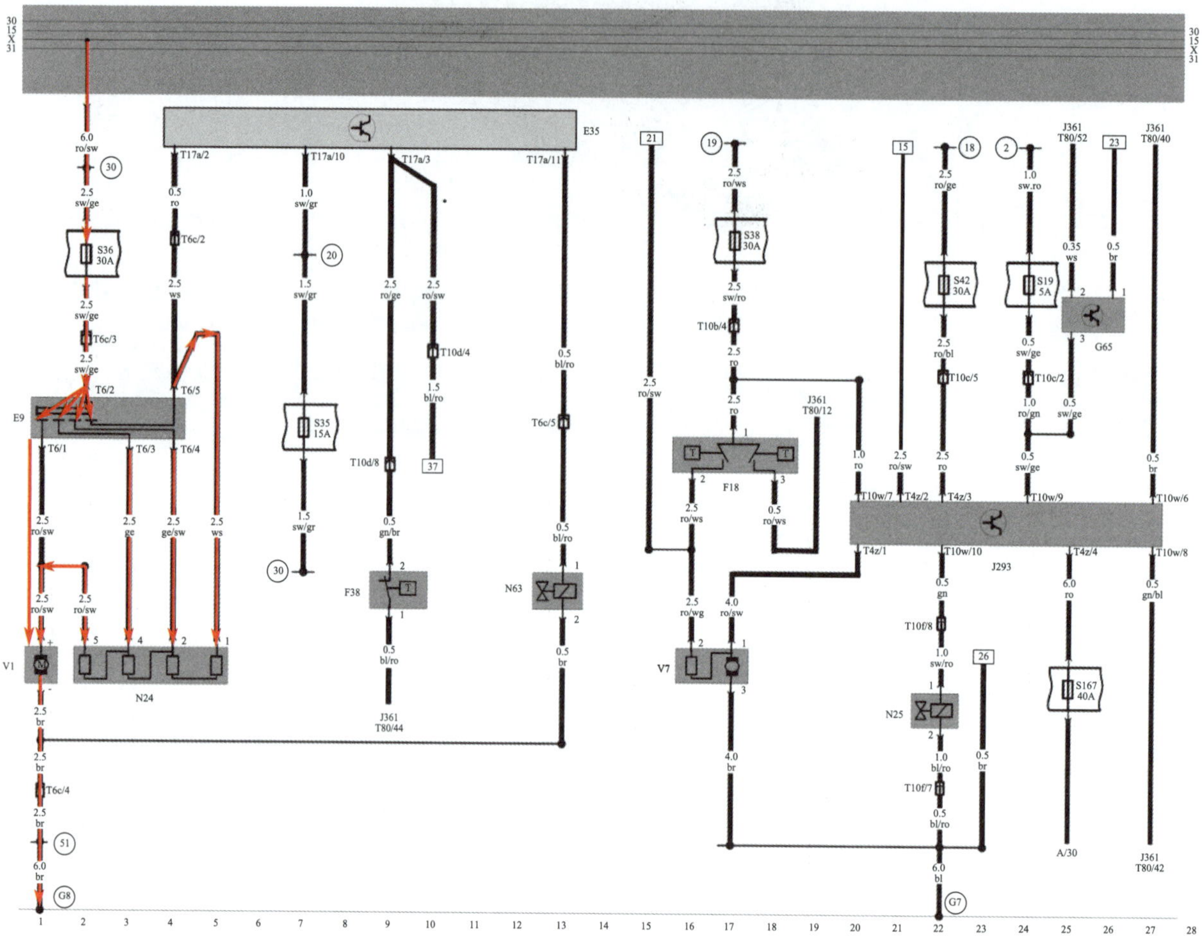

图 9–5　鼓风机控制电路图

（六）冷凝器冷却风扇控制电路的工作原理

冷凝器冷却风扇控制电路如图 9–6 所示，冷却风扇 V7 主要由冷却风扇控制单元 J293 和双温开关 F18 控制其运转及运转速度。

空调系统不工作时，冷却风扇的运转和转速主要由发动机散热器上的双温开关来控制。当发动机散热器中冷却液温度达到 90 ℃以上时，双温开关 F18 的低温开关闭合，电流经熔断器 S38 到双温开关 F18 的 1 号端子、2 号端子，送至冷却风扇 V7 的 2 号端子，冷却风扇开始低速运转，冷却风扇 V7 的 3 号端子接地。当冷却液温度达到 107 ℃以上时，双温开关 F18 的高温开关闭合，向发动机控制单元 J361 的 T80/12 号端子提供 12 V 电压，发动机控制单元 J361 的 T80/40 号端子使冷却风扇控制单元 J293 的 T10w/6 号端子接地，冷却风扇控制单元 J293 随即通过其 T4z/1 号端子给冷却风扇 V7 的 1 号端子供电，冷却风扇高速运转。

当打开空调开关，压缩机电磁离合器接合的同时，冷却风扇控制单元 J293 通过其 T4z/2 号端子向冷却风扇 V7 的 2 号端子供电，冷却风扇开始低速运转。在运转过程中，若空调系统压力达到 1.6 MPa 以上，空调压力传感器 G65 的 2 号端子将信号传递给发动机控制单元 J361 的 T80/52 号端子，发动机控制单元 J361 的 T80/40 号端子使冷却风扇控制单元 J293 的 T10w/6 号端子接地，冷却风扇高速运转。

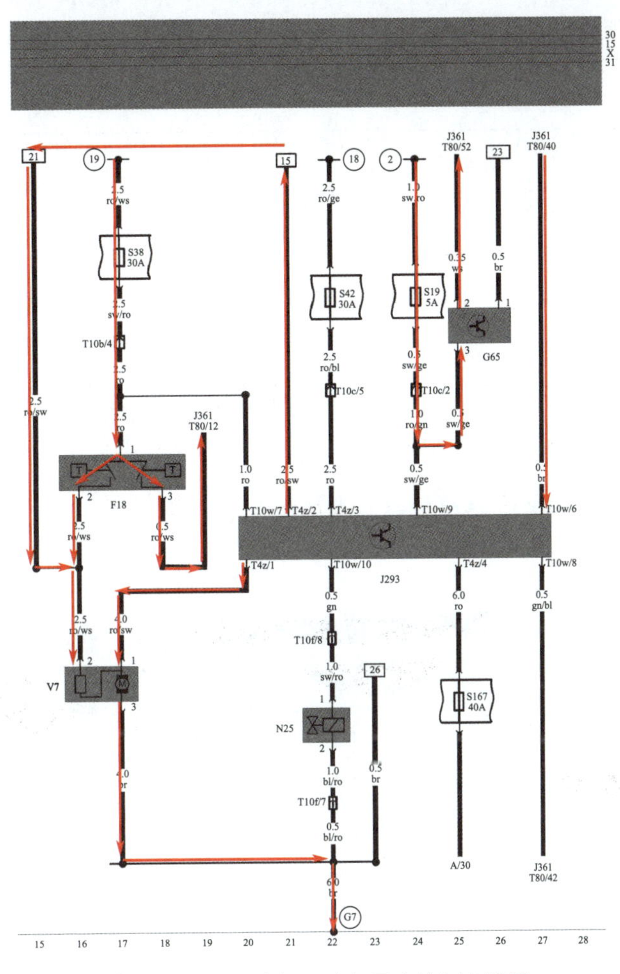

图 9-6　冷凝器冷却风扇控制电路图

二、任务准备

在完成本任务所需的物品下面打"√"号。

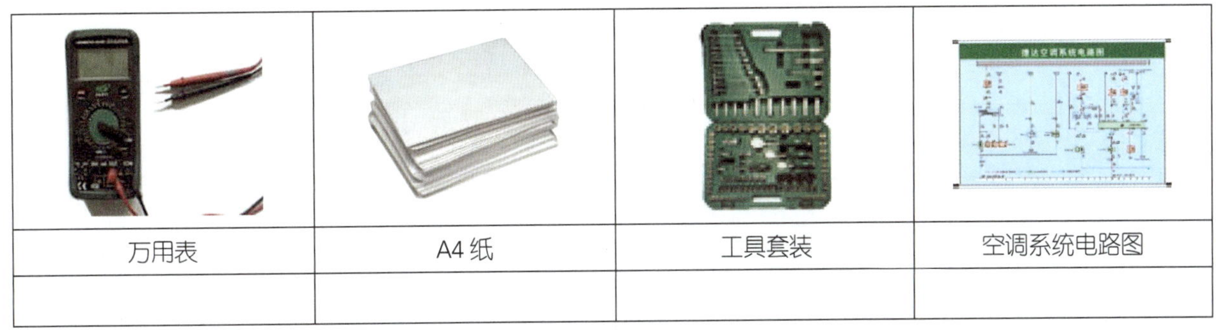

万用表	A4 纸	工具套装	空调系统电路图

铅笔	工作台	橡皮	直尺

三、防护措施

➢ 进入车间应穿工鞋，戴工帽，工作服应整洁、无破损，操作时不可佩戴手表等金属饰品，以防划伤车辆表面。

➢ 启动或举升车辆时，应通知其他人员远离车辆或举升机，注意安全。

➢ 更换后的零配件及油液应按规定回收处理。

识别下列三幅车间操作图片，勾选出操作正确的图片。

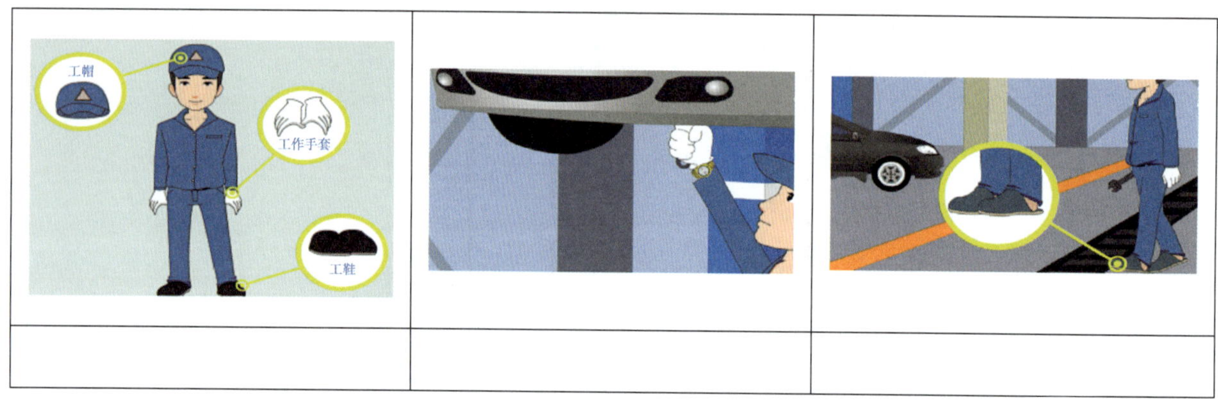

四、任务分配（见表 9-1）

表 9-1　任务分配表

职务	代码	姓名	工作内容
组长	A		监督、管理组员工作
组员	B		准备实训所需辅料及零配件
	C		
	D		准备实训所需工具及手册
	E		

五、任务实施

（一）操作步骤

补充表 9-2 中的工作内容。

表 9-2 空调控制系统电路拆画操作步骤

序号	项目	工作内容
1	空调压缩机电磁离合器控制电路拆画	（1）查找空调系统电路图 （2）准备铅笔、橡皮、直尺、A4 纸 （3）参照空调系统电路图拆画空调压缩机电磁离合器控制电路
2	鼓风机控制电路拆画	
3	冷凝器冷却风扇控制电路拆画	（1）查找空调系统电路图 （2）准备铅笔、橡皮、直尺、A4 纸 （3）参照空调系统电路图拆画冷凝器冷却风扇控制电路

（二）实施记录

根据实际操作情况，完成表 9-3 的填写。

表 9-3 实施记录单

控制电路	电路走向描述
空调压缩机电磁离合器控制电路	
鼓风机控制电路	
冷凝器冷却风扇控制电路	

六、检查

（一）自检

结合本组任务操作过程，对任务执行过程中的操作规范性进行检查，检查操作过程中是否存在以下问题，分析讨论应如何避免并总结规范的操作方法（见表 9–4）。

表 9–4　自检

项目	结果
空调压缩机电磁离合器控制电路拆画是否正确	是☐　否☐
鼓风机控制电路拆画是否正确	是☐　否☐
冷凝器冷却风扇控制电路拆画是否正确	是☐　否☐
现场及工具整理是否到位	是☐　否☐

（二）互检

组与组之间相互进行任务操作过程及结果检查，并将检查结果填写在表 9–5 中。

表 9–5　互检

项目	结果
空调压缩机电磁离合器控制电路拆画是否正确	是☐　否☐
鼓风机控制电路拆画是否正确	是☐　否☐
冷凝器冷却风扇控制电路拆画是否正确	是☐　否☐
现场及工具整理是否到位	是☐　否☐

七、课堂小结

任务十　空调压缩机电磁离合器及鼓风机控制电路检查与修理（一）

<table>
<tr><td colspan="6">空调压缩机电磁离合器及鼓风机控制电路检查与修理任务工单——空调压缩机电磁离合器控制电路检查与修理</td></tr>
<tr><td>客户信息</td><td>姓名</td><td colspan="2"></td><td>电话</td><td></td></tr>
<tr><td rowspan="2">车辆信息</td><td colspan="2">车型</td><td colspan="2">VIN 码</td><td>行驶里程</td></tr>
<tr><td colspan="2"></td><td colspan="2"></td><td></td></tr>
<tr><td>客户描述</td><td colspan="5">空调系统保养 □　　空调系统不制冷 □　　鼓风机不运转 □
空调系统制冷效果差 □　　冷却风扇不运转 □　　冷却风扇运转不良 □
空调出风口温度无法调节 □　　空调运转时伴有异响 □　　空调异味 □
其他：</td></tr>
<tr><td colspan="3">车辆外观检查</td><td colspan="3">车辆内部检查</td></tr>
<tr><td>凹凸 □</td><td colspan="2" rowspan="4"></td><td>污渍 □</td><td colspan="2" rowspan="4"></td></tr>
<tr><td>划痕 □</td><td>破损 □</td></tr>
<tr><td>石击 □</td><td>色斑 □</td></tr>
<tr><td>油漆 □</td><td>变形 □</td></tr>
<tr><td>明确具体工作任务</td><td colspan="5"></td></tr>
<tr><td>任务目标</td><td colspan="5">● 能够使用万用表对空调压缩机电磁离合器及鼓风机控制电路进行检查与维修</td></tr>
<tr><td>任务内容</td><td colspan="5">● 空调开关的安装位置及检查方法
● 外界环境温度开关的安装位置及检查方法
● 冷却风扇控制单元的安装位置、工作原理及检查方法
● 鼓风机开关、电阻的安装位置及检查方法</td></tr>
</table>

续表

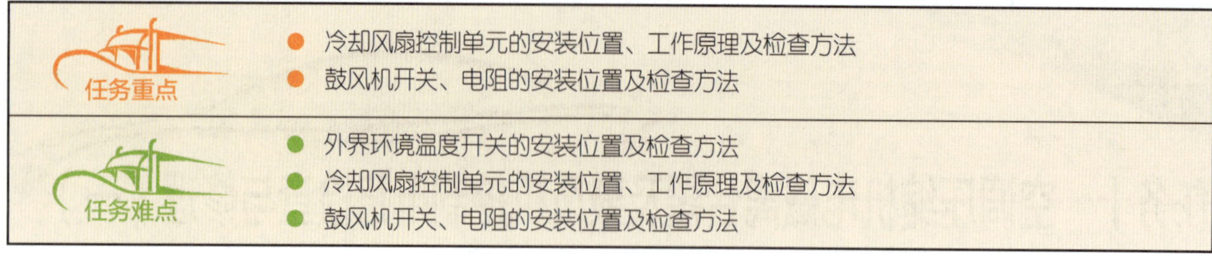

任务重点	● 冷却风扇控制单元的安装位置、工作原理及检查方法 ● 鼓风机开关、电阻的安装位置及检查方法
任务难点	● 外界环境温度开关的安装位置及检查方法 ● 冷却风扇控制单元的安装位置、工作原理及检查方法 ● 鼓风机开关、电阻的安装位置及检查方法

一、知识讲解

（一）空调开关的安装位置及检查方法

空调开关安装在中央控制台上，与行李舱开关、空调内循环开关、应急开关等集成在一起，称为组合开关。当打开空调开关时，空调开关后方 T17a/3 号端子应有电源输出，否则说明组合开关损坏。组合开关如图 10–1 所示。

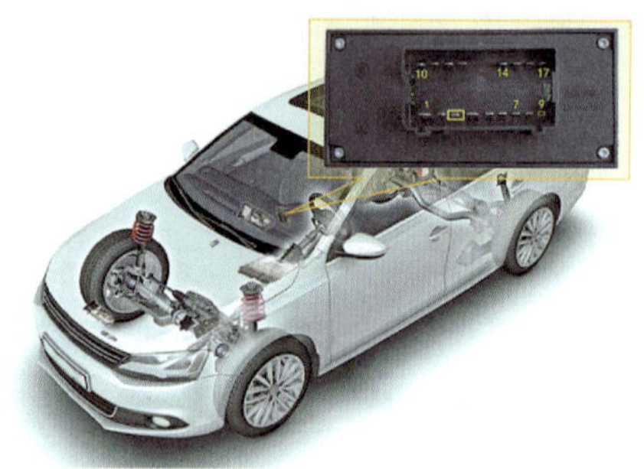

图 10–1　组合开关

检查时应按下组合开关上的空调开关，并使用万用表电压挡测量外界环境温度开关插接器的 2 号端子。若电压符合规定值，则说明组合开关上的空调开关正常；若不符合，则说明组合开关上的空调开关损坏。

（二）外界环境温度开关的安装位置及检查方法

外界环境温度开关如图 10–2 所示。

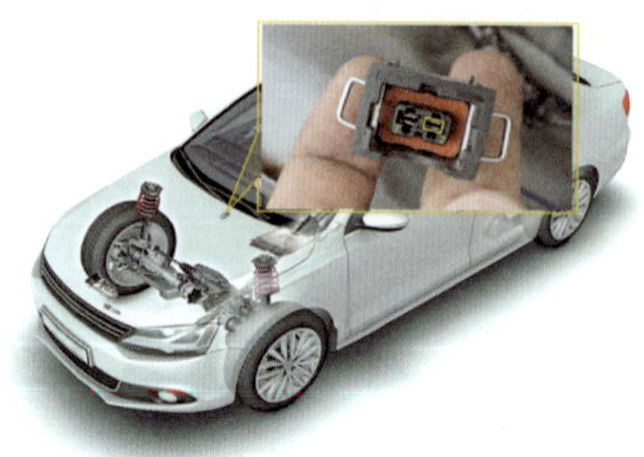

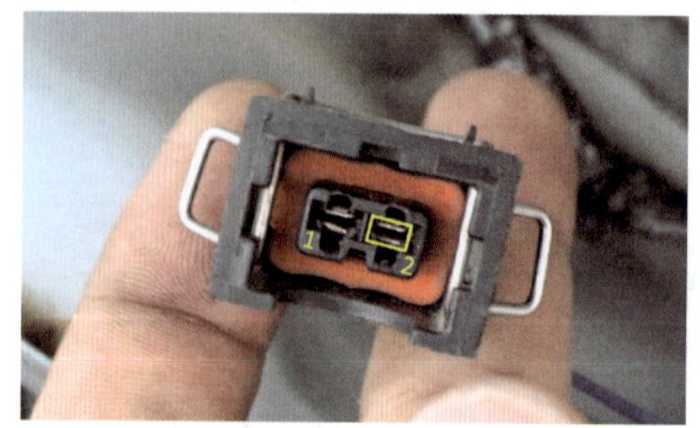

图 10–2　外界环境温度开关

外界环境温度开关安装在发动机舱流水槽盖板下方中间位置，当外界环境温度低于 5 ℃时，开关

断开，切断从空调开关到发动机控制单元的空调请求信号。外界环境温度开关的安装位置如图 10–3 所示。

图 10–3 外界环境温度开关的安装位置

检查时，在常温下（除冬季外）其两个端子应为导通状态，使用万用表的最小电阻挡或二极管挡进行检查，电阻应小于 0.5 Ω 或出现“嘀”的嗡鸣声，如图 10–4 所示。

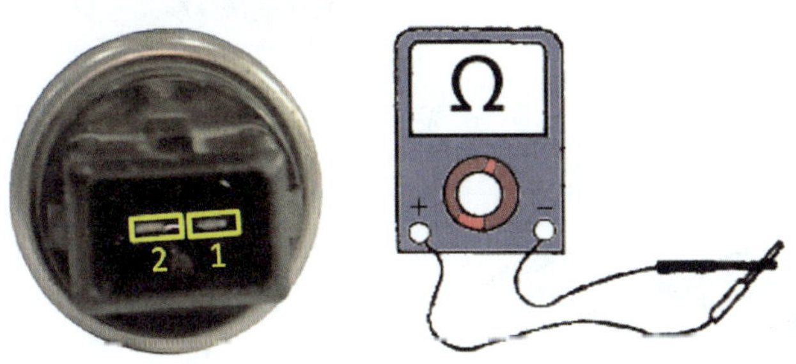

图 10–4 用万用表检查外界环境温度开关

（三）冷却风扇控制单元的安装位置

冷却风扇控制单元安装在发动机舱左侧蓄电池附近，由于控制单元不像开关那样可以直接对其进行操作，因此，在对冷却风扇控制单元进行检查时，只能通过对其输入信号和输出信号进行检查来判断其是否损坏。冷却风扇控制单元的安装位置如图 10–5 所示。

图 10–5 冷却风扇控制单元的安装位置

（四）冷却风扇控制单元的工作原理

当打开鼓风机和空调开关，且外界环境温度高于 5 ℃时，发动机控制单元 J361 的 T80/44 号端子接收到空调请求信号，发动机控制单元根据发动机冷却液温度及负荷等确定是否符合空调开启条件，若符合，则通过发动机控制单元的 T80/42 号端子使冷却风扇控制单元的 T10w/8 号端子接地，从而接通冷却风扇控制单元内部工作电源，并从冷却风扇控制单元的 T10w/10 号端子向空调压缩机电磁离合器供电，使压缩机电磁离合器工作。发动机控制单元插接器如图 10-6 所示，冷却风扇控制单元插接器如图 10-7 所示。

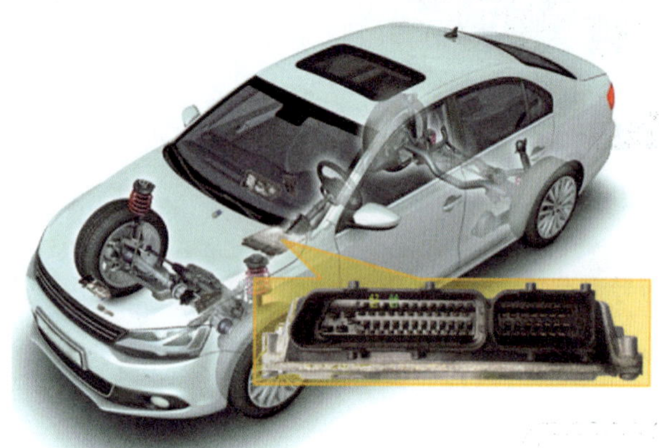

图 10-6　发动机控制单元插接器

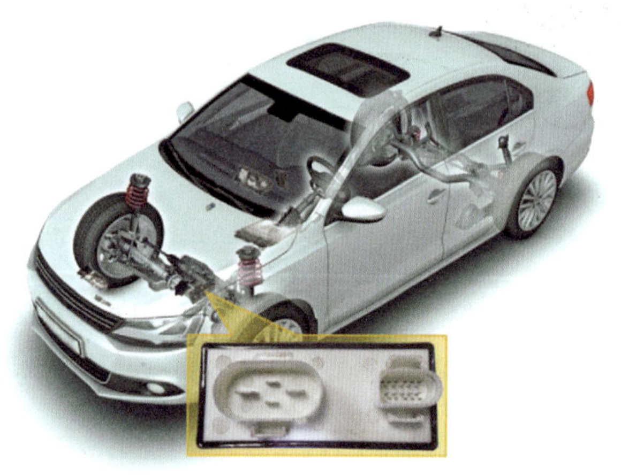

图 10-7　冷却风扇控制单元插接器

（五）冷却风扇控制单元的检查方法

在对冷却风扇控制单元进行检查时，首先检查冷却风扇控制单元相关电源的熔断器的熔丝有无熔断（熔断的熔丝可能有多个）；若正常，则测量包含冷却风扇控制单元在内的所有搭铁线路的电阻值（有些车型的搭铁线路是由其他控制单元控制导通的，也应一并测量）；若正常，则测量冷却风扇控制单元所有对外元件的连接线路的电阻值；若正常，则启动发动机，开启空调制冷功能，开启鼓风机（挡位任意），检查压缩机电磁离合器控制信号、冷却风扇控制信号是否正常；若有任何异常，则故障发生在冷却风扇控制单元内部或控制该控制单元搭铁的母控制单元（如车身电子控制单元）内部，此时应对

母控制单元进行自诊断检测；若母控制单元正常，则确定故障发生在冷却风扇控制单元内部；若压缩机电磁离合器控制信号、冷却风扇控制信号均正常，则确定冷却风扇控制单元不存在故障，此时应重点检查冷却风扇、压缩机电磁离合器搭铁线路电阻和搭铁状态。

（六）鼓风机开关的安装位置及检查方法

鼓风机开关安装在驾驶室中央控制面板中间位置，检查时需将其先从中央控制面板拆下，然后拔下其后方的插接器。鼓风机开关如图 10–8 所示。

检查时，应使用万用表最小电阻挡或二极管挡检查鼓风机开关后方的 T6/2 号端子在 1 挡、2 挡、3 挡、4 挡时与之对应的 T6/5、T6/4、T6/3、T6/1 四个端子之间是否导通。

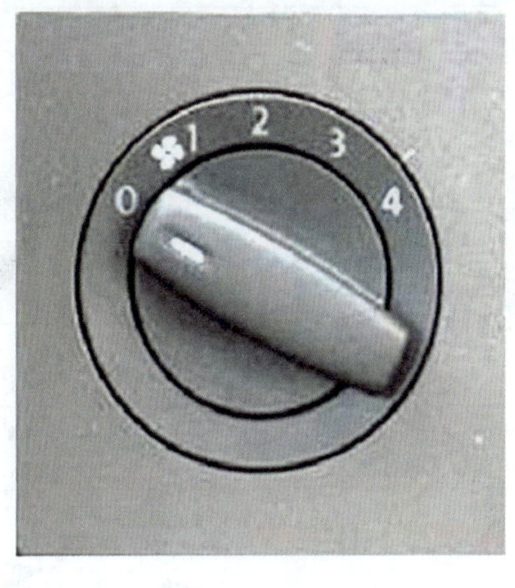

图 10–8 鼓风机开关

（七）鼓风机电阻的安装位置及检查方法

鼓风机电阻安装在副驾驶前方中央控制台的下方，与鼓风机安装位置相近。

在对鼓风机电阻进行检查时，应分别检查鼓风机电阻 1 号端子与 2 号、4 号、5 号端子之间的电阻值，电阻值应成倍递增，否则说明鼓风机电阻损坏。鼓风机电阻及其端子如图 10–9 所示。

图 10–9 鼓风机电阻及其端子

二、任务准备

在完成本任务所需的物品下面打“√”号。

扭力扳手	工具车	三件套	吹尘枪

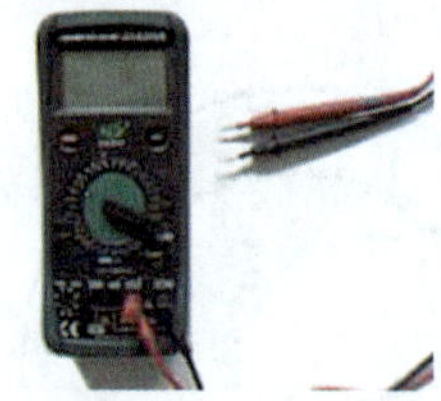 万用表	 工作灯	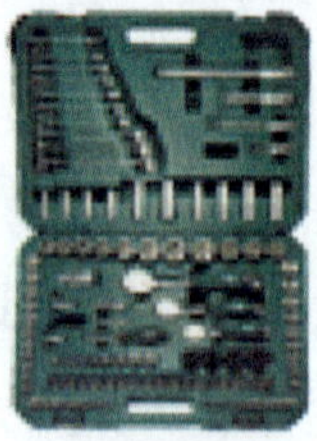 工具套装	 抹布

温度计	工作台	零件车	台虎钳

尖嘴钳	歧管压力表	制冷剂加注回收机	真空泵（两用）
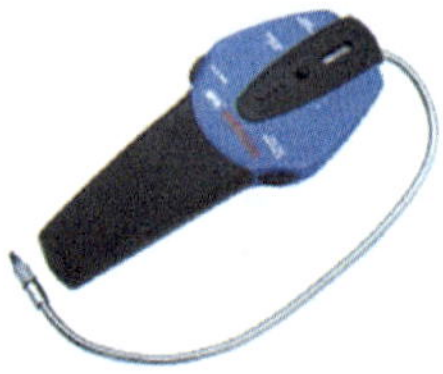	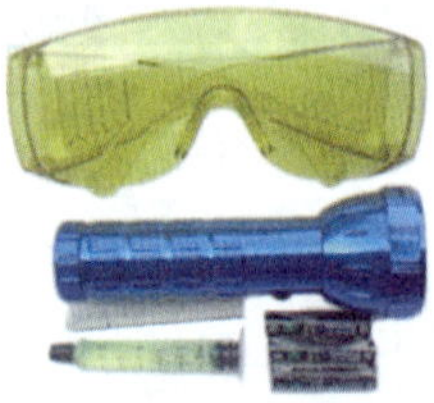	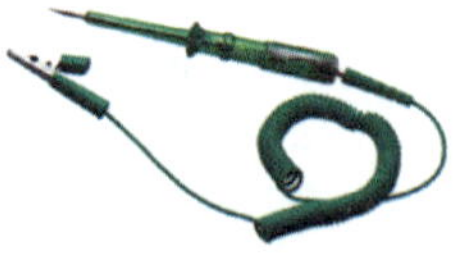	
电子检漏仪	荧光检漏仪	试灯	诊断仪

三、防护措施

➢ 进入车间应穿工鞋，戴工帽，工作服应整洁、无破损，操作时不可佩戴手表等金属饰品，以防划伤车辆表面。

➢ 启动或举升车辆时，应通知其他人员远离车辆或举升机，注意安全。

➢ 更换后的零配件及油液应按规定回收处理。

识别下列三幅车间操作图片，勾选出操作正确的图片。

	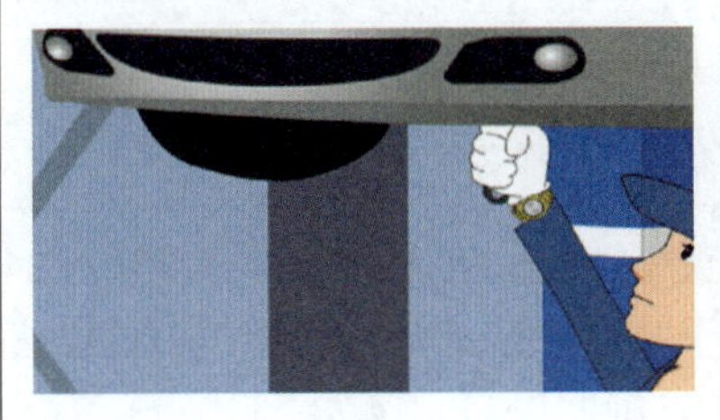	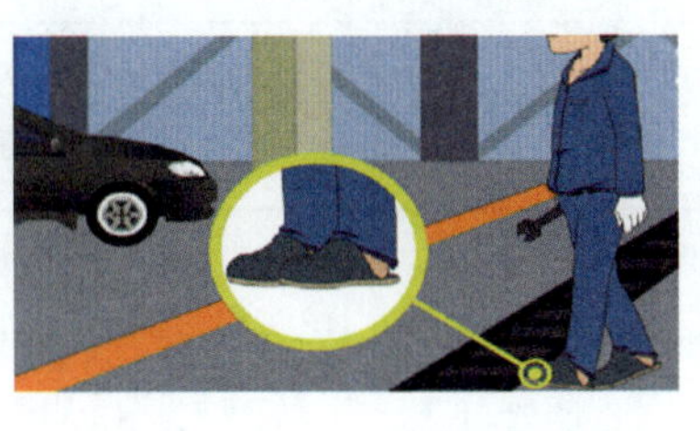

四、任务分配（见表 10-1）

表 10-1 任务分配表

职务	代码	姓名	工作内容
组长	A		监督、管理组员工作
组员	B		准备实训所需辅料及零配件
	C		
	D		准备实训所需工具及手册
	E		

五、任务实施

（一）操作步骤

完成表 10-2 中工作内容的排序。

表 10-2 空调压缩机电磁离合器及鼓风机控制电路检查与修理操作步骤

序号	项目	工作内容
	安全防护及工作准备	（1）铺设车内防护四件套 （2）打开发动机舱盖，铺设三件套
	验证故障现象	（1）启动发动机，打开鼓风机，若鼓风机运转后，打开空调开关，A/C 开关指示灯不亮，并且压缩机电磁离合器不吸合，鼓风机吹出的风是热风，说明空调系统出现故障 （2）打开鼓风机和空调开关，若冷却风扇不转，说明空调系统出现故障
	空调开关检查	（1）从组合开关 E35 的 T17a/2 号端子引出一根线，启动发动机，打开鼓风机，使用万用表 20 V 电压挡检测 E35 的 T17a/2 号端子电压是否为 12 V，如果 T17a/2 号端子电压不是 12 V，说明鼓风机开关 E9 的 T6/5 号端子到 E35 的 T17a/2 号端子之间的线束有断路或者虚接的地方 （2）从 E35 的 T17a/3 号端子引出一根线，启动发动机，打开鼓风机，打开空调开关，使用万用表 20 V 电压挡检测 E35 的 T17a/3 号端子电压是否为 12 V。如果 T17a/3 号端子电压不是 12 V，则检查熔断器 S35 的熔丝是否熔断；如果没有熔断，则检测 S35 端子电压是否为 12 V；如果 S35 端子电压不是 12 V，则检查 S35 之前的电路，如果 S35 端子电压是 12 V，则检测 E35 的 T17a/10 号端子电压是否为 12 V；如果 T17a/10 号端子电压是 12 V，则说明空调开关损坏。如果 T17a/3 号端子电压是 12 V，则进行下一步检查

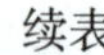
续表

序号	项目	工作内容
	外界环境温度开关检查	检查外界环境温度开关 F38 的好坏时，若环境温度大于 5 ℃，使用万用表 200 Ω 电阻挡测量外界环境温度开关两个端子的电阻值，正常应小于 0.5 Ω
	冷却风扇控制单元和压缩机电磁离合器检查	（1）检查冷却风扇控制单元 J293 的熔断器 S42、S19、S167、S38 的熔丝是否熔断 （2）拔下冷却风扇控制单元的两个插接器，启动发动机，使用万用表 20 V 电压挡分别测量 J293 的 T10/w7、T4z/3、T10/w9、T4z/4 号端子的对地电压，正常应为 12 V 左右 （3）从 J293 的 T10w/8 号端子引出一根线，启动发动机，打开空调开关，使用万用表 20 V 电压挡测量 J293 的 T10w/8 号端子与蓄电池正极之间的电压，正常应与发电机发出的电压相同，约为 14 V；如果 T10w/8 号端子与蓄电池正极之间的电压不是 14 V，则使用万用表 200 Ω 电阻挡测量 J293 的 T10w/8 号端子与发动机控制单元 J361 的 T80/42 号端子之间线束的电阻值，正常应小于 0.5 Ω；如果电阻值正常，则说明发动机控制单元损坏，如果电阻值过大，则应检查线束 （4）使用万用表 20 V 电压挡检测压缩机电磁离合器 N25 的 1 号与 2 号端子之间的电压是否为 12 V。如果 N25 的 1 号与 2 号端子之间的电压是 12 V，则使用万用表 200 Ω 电阻挡测量 N25 的 2 号端子与搭铁点之间的电阻值，正常应小于 0.5 Ω；如果电阻值正常，则说明压缩机电磁离合器损坏。如果 N25 的 1 号与 2 号端子之间的电压不是 12 V，则使用万用表 200 Ω 电阻挡测量 J293 的 T10w/10 号端子与 N25 的 1 号端子之间线束的电阻值，正常应小于 0.5 Ω
	鼓风机控制电路检查	（1）拆卸鼓风机，使用万用表电阻挡测量鼓风机自身电阻值，正常约为 0.4 Ω。若电阻值不正常，则应更换鼓风机；若电阻值正常，则应检查鼓风机的熔断器 S36 （2）启动发动机，检查鼓风机的熔断器 S36 的熔丝是否熔断，使用万用表 20 V 电压挡测量 S36 端子电压，正常应为 12 V （3）拔下鼓风机插接器，将鼓风机开关置于 1 挡，使用万用表 20 V 电压挡测量鼓风机插接器两个端子之间的电压，正常应为 12 V。如果鼓风机插接器两个端子之间的电压不是 12 V，则应检查鼓风机电阻和鼓风机开关 （4）拆卸鼓风机电阻，检查鼓风机电阻是否烧穿，使用万用表电阻挡测量鼓风机电阻 N24 的 1 号与 5 号端子之间的电阻值，正常应为 3 Ω。如果电阻值超出范围，则应更换鼓风机电阻 （5）拆卸鼓风机开关，拔下鼓风机开关插接器，将鼓风机开关置于 1 挡，使用万用表电阻挡测量鼓风机开关 E9 的 T6/2 号与 T6/5 号端子之间的电阻值；将鼓风机开关置于 2 挡，使用万用表电阻挡测量 E9 的 T6/2 号与 T6/4 号端子之间的电阻值；将鼓风机开关置于 3 挡，使用万用表电阻挡测量 E9 的 T6/2 号与 T6/3 号端子之间的电阻值；将鼓风机开关置于 4 挡，使用万用表电阻挡测量 E9 的 T6/2 号与 T6/1 号端子之间的电阻值。以上阻值均应小于 0.5 Ω （6）启动发动机，使用万用表 20 V 电压挡检测 E9 的 T6/2 号端子电压是否为 12 V，如果 T6/2 号端子电压不是 12 V，则说明 E9 的 T6/2 号端子到熔断器 S36 之间的线束有断路的地方，应检查此段线束 （7）使用万用表 200 Ω 电阻挡测量 E9 的 T6/5 号端子与 N24 的 1 号端子之间的电阻值，测量 N24 的 5 号端子与鼓风机插接器正极之间的电阻值，正常应小于 1 Ω

（二）实施记录

根据实际操作情况，完成表 10-3 的填写。

表 10-3 实施记录单

<table>
<tr><td rowspan="8">空调压缩机电磁离合器控制电路检查</td><td rowspan="2">空调开关</td><td colspan="2">熔断器 S35 的熔丝</td><td colspan="2">鼓风机开关电压</td><td colspan="2">空调开关输出电压</td><td colspan="2">处理措施（备注）</td></tr>
<tr><td colspan="2">正常 □
熔断 □</td><td colspan="2">正常 □
异常 □</td><td colspan="2">正常 □
异常 □</td><td colspan="2"></td></tr>
<tr><td rowspan="2">外界环境温度开关</td><td colspan="3">开关状态</td><td colspan="5">处理措施（备注）</td></tr>
<tr><td colspan="3">正常 □
故障 □</td><td colspan="5"></td></tr>
<tr><td rowspan="3">冷却风扇控制单元</td><td rowspan="2">相关熔断器的熔丝</td><td colspan="2" rowspan="2">熔断器名称</td><td colspan="4">线路</td><td rowspan="2">处理措施（备注）</td></tr>
<tr><td colspan="2">线束</td><td colspan="2">端子电压</td></tr>
<tr><td>正常 □
熔断 □</td><td colspan="2"></td><td colspan="2">正常 □
故障 □</td><td colspan="2">正常 □
异常 □</td><td></td></tr>
<tr><td>压缩机电磁离合器</td><td colspan="8">正常 □ 损坏 □</td></tr>
<tr><td rowspan="6">鼓风机控制电路检查</td><td rowspan="2">鼓风机开关</td><td>挡位</td><td colspan="2">1 挡</td><td colspan="2">2 挡</td><td colspan="2">3 挡</td><td>4 挡</td></tr>
<tr><td>结果</td><td colspan="2">正常 □
异常 □</td><td colspan="2">正常 □
异常 □</td><td colspan="2">正常 □
异常 □</td><td>正常 □
异常 □</td></tr>
<tr><td rowspan="2">鼓风机电阻</td><td>端子</td><td colspan="2">1 号与 2 号</td><td colspan="2">1 号与 4 号</td><td colspan="2">1 号与 5 号</td><td>是否更换</td></tr>
<tr><td>电阻值</td><td colspan="2"></td><td colspan="2"></td><td colspan="2"></td><td>是 □ 否 □</td></tr>
<tr><td rowspan="2">鼓风机</td><td colspan="3">鼓风机自身电阻值是否正常</td><td colspan="4">鼓风机运转是否正常</td><td>处理措施（备注）</td></tr>
<tr><td colspan="3">是 □ 否 □</td><td colspan="4">是 □ 否 □</td><td></td></tr>
</table>

六、检查

（一）自检

结合本组任务操作过程，对任务执行过程中的操作规范性进行检查，检查操作过程中是否存在以下问题，分析讨论应如何避免并总结规范的操作方法（见表 10-4）。

表 10-4 自检

项目	结果
压缩机电磁离合器接合是否正常	是 □ 否 □
鼓风机运转是否正常	是 □ 否 □
现场及工具整理是否到位	是 □ 否 □

（二）互检

组与组之间相互进行任务操作过程及结果检查，并将检查结果填写在表 10–5 中。

表 10–5　互检

项目	结果
压缩机电磁离合器接合是否正常	是□　否□
鼓风机运转是否正常	是□　否□
现场及工具整理是否到位	是□　否□

七、课堂小结

任务十一　空调压缩机电磁离合器及鼓风机控制电路检查与修理（二）

<table>
<tr><td colspan="6">空调压缩机电磁离合器及鼓风机控制电路检查与修理任务工单——鼓风机控制电路检查与修理</td></tr>
<tr><td>客户信息</td><td>姓名</td><td></td><td>电话</td><td colspan="2"></td></tr>
<tr><td rowspan="2">车辆信息</td><td colspan="2">车型</td><td colspan="2">VIN 码</td><td>行驶里程</td></tr>
<tr><td colspan="2"></td><td colspan="2"></td><td></td></tr>
<tr><td>客户描述</td><td colspan="5">空调系统保养 □　空调系统不制冷 □　鼓风机不运转 □
空调系统制冷效果差 □　冷却风扇不运转 □　冷却风扇运转不良 □
空调出风口温度无法调节 □　空调运转时伴有异响 □　空调异味 □
其他：</td></tr>
<tr><td colspan="3">车辆外观检查</td><td colspan="3">车辆内部检查</td></tr>
<tr><td colspan="3">凹凸 □
划痕 □
石击 □
油漆 □</td><td colspan="3">污渍 □
破损 □
色斑 □
变形 □</td></tr>
<tr><td>明确具体工作任务</td><td colspan="5"></td></tr>
<tr><td>任务目标</td><td colspan="5">● 能够使用万用表对空调压缩机电磁离合器及鼓风机控制电路进行检查与维修</td></tr>
<tr><td>任务内容</td><td colspan="5">● 空调开关的安装位置及检查方法
● 外界环境温度开关的安装位置及检查方法
● 冷却风扇控制单元的安装位置、工作原理及检查方法
● 鼓风机开关、电阻的安装位置及检查方法</td></tr>
</table>

续表

	● 冷却风扇控制单元的安装位置、工作原理及检查方法 ● 鼓风机开关、电阻的安装位置及检查方法
	● 外界环境温度开关的安装位置及检查方法 ● 冷却风扇控制单元的安装位置、工作原理及检查方法 ● 鼓风机开关、电阻的安装位置及检查方法

一、任务准备

在完成本任务所需的物品下面打“√”号。

 扭力扳手	 工具车	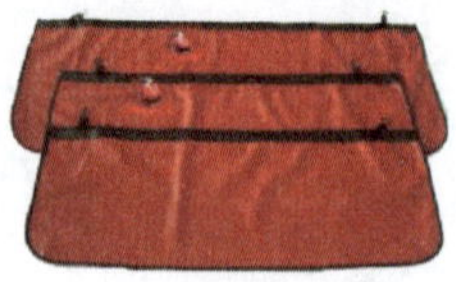 三件套	 吹尘枪
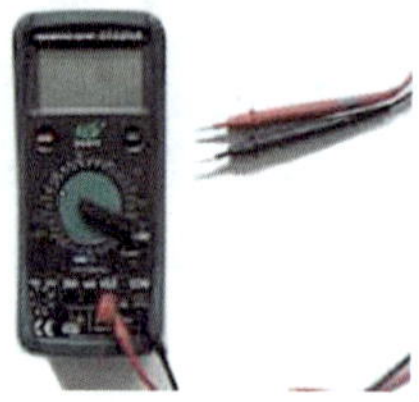 万用表	 工作灯	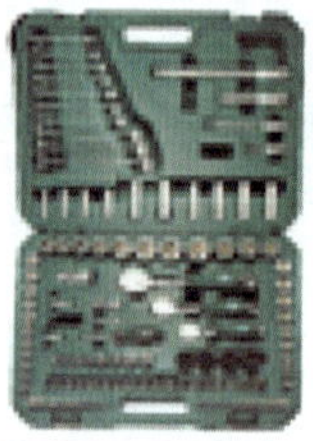 工具套装	 抹布
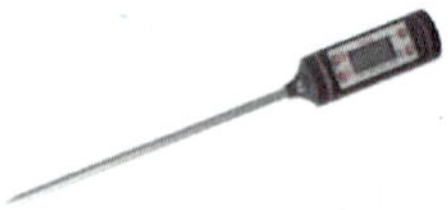 温度计	 工作台	 零件车	 台虎钳
 尖嘴钳	 歧管压力表	 制冷剂加注回收机	 真空泵（两用）

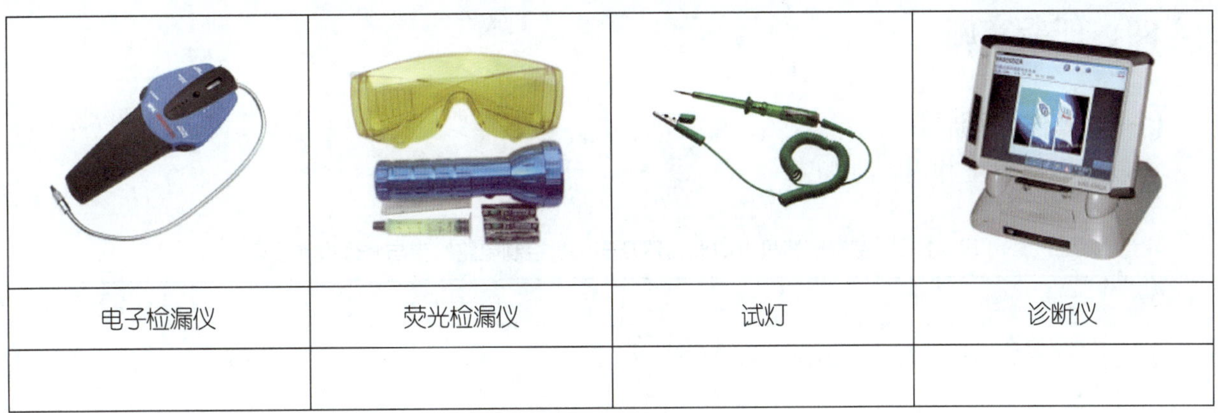

电子检漏仪	荧光检漏仪	试灯	诊断仪

二、防护措施

➢ 进入车间应穿工鞋，戴工帽，工作服应整洁、无破损，操作时不可佩戴手表等金属饰品，以防划伤车辆表面。

➢ 启动或举升车辆时，应通知其他人员远离车辆或举升机，注意安全。

➢ 更换后的零配件及油液应按规定回收处理。

识别下列三幅车间操作图片，勾选出操作正确的图片。

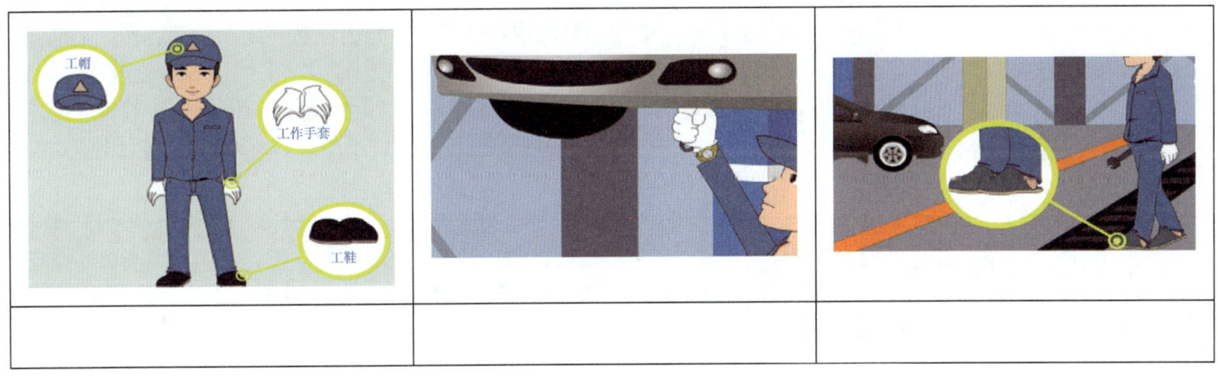

三、任务分配（见表 11-1）

表 11-1 任务分配表

职务	代码	姓名	工作内容
组长	A		监督、管理组员工作
组员	B		准备实训所需辅料及零配件
	C		
	D		准备实训所需工具及手册
	E		

四、任务实施

（一）操作步骤

完成表 11–2 中工作内容的排序。

表 11–2　空调压缩机电磁离合器及鼓风机控制电路检查与修理操作步骤

序号	项目	工作内容
	安全防护及工作准备	（1）铺设车内防护四件套 （2）打开发动机舱盖，铺设三件套
	验证故障现象	（1）启动发动机，打开鼓风机，若鼓风机运转后，打开空调开关，A/C 开关指示灯不亮，并且压缩机电磁离合器不吸合，鼓风机吹出的风是热风，说明空调系统出现故障 （2）打开鼓风机和空调开关，若冷却风扇不转，说明空调系统出现故障
	空调开关检查	（1）从组合开关 E35 的 T17a/2 号端子引出一根线，启动发动机，打开鼓风机，使用万用表 20 V 电压挡检测 E35 的 T17a/2 号端子电压是否为 12 V，如果 T17a/2 号端子电压不是 12 V，说明鼓风机开关 E9 的 T6/5 号端子到 E35 的 T17a/2 号端子之间的线束有断路或者虚接的地方 （2）从 E35 的 T17a/3 号端子引出一根线，启动发动机，打开鼓风机，打开空调开关，使用万用表 20 V 电压挡检测 E35 的 T17a/3 号端子电压是否为 12 V。如果 T17a/3 号端子电压不是 12 V，则检查熔断器 S35 的熔丝是否熔断；如果没有熔断，则检测 S35 端子电压是否为 12 V；如果 S35 端子电压不是 12 V，则检查 S35 之前的电路，如果 S35 端子电压是 12 V，则检测 E35 的 T17a/10 号端子电压是否为 12 V；如果 T17a/10 号端子电压是 12 V，则说明空调开关损坏。如果 T17a/3 号端子电压是 12 V，则进行下一步检查
	外界环境温度开关检查	检查外界环境温度开关 F38 的好坏时，若环境温度大于 5 ℃，使用万用表 200 Ω 电阻挡测量外界环境温度开关两个端子的电阻值，正常应小于 0.5 Ω
	冷却风扇控制单元和压缩机电磁离合器检查	（1）检查冷却风扇控制单元 J293 的熔断器 S42、S19、S167、S38 的熔丝是否熔断 （2）拔下冷却风扇控制单元的两个插接器，启动发动机，使用万用表 20 V 电压挡分别测量 J293 的 T10/w7、T4z/3、T10/w9、T4z/4 号端子的对地电压，正常应为 12 V 左右 （3）从 J293 的 T10w/8 号端子引出一根线，启动发动机，打开空调开关，使用万用表 20 V 电压挡测量 J293 的 T10w/8 号端子与蓄电池正极之间的电压，正常应与发电机发出的电压相同，约为 14 V；如果 T10w/8 号端子与蓄电池正极之间的电压不是 14 V，则使用万用表 200 Ω 电阻挡测量 J293 的 T10w/8 号端子与发动机控制单元 J361 的 T80/42 号端子之间线束的电阻值，正常应小于 0.5 Ω；如果电阻值正常，则说明发动机控制单元损坏，如果电阻值过大，则应检查线束 （4）使用万用表 20 V 电压挡检测压缩机电磁离合器 N25 的 1 号与 2 号端子之间的电压是否为 12 V。如果 N25 的 1 号与 2 号端子之间的电压是 12 V，则使用万用表 200 Ω 电阻挡测量 N25 的 2 号端子与搭铁点之间的电阻值，正常应小于 0.5 Ω；如果电阻值正常，则说明压缩机电磁离合器损坏。如果 N25 的 1 号与 2 号端子之间的电压不是 12 V，则使用万用表 200 Ω 电阻挡测量 J293 的 T10w/10 号端子与 N25 的 1 号端子之间线束的电阻值，正常应小于 0.5 Ω

续表

序号	项目	工作内容
	鼓风机控制电路检查	（1）拆卸鼓风机，使用万用表电阻挡测量鼓风机自身电阻值，正常约为 0.4 Ω。若电阻值不正常，则应更换鼓风机；若电阻值正常，则应检查鼓风机的熔断器 S36 （2）启动发动机，检查鼓风机的熔断器 S36 的熔丝是否熔断，使用万用表 20 V 电压挡测量 S36 端子电压，正常应为 12 V （3）拔下鼓风机插接器，将鼓风机开关置于 1 挡，使用万用表 20 V 电压挡测量鼓风机插接器两个端子之间的电压，正常应为 12 V。如果鼓风机插接器两个端子之间的电压不是 12 V，则应检查鼓风机电阻和鼓风机开关 （4）拆卸鼓风机电阻，检查鼓风机电阻是否烧穿，使用万用表电阻挡测量鼓风机电阻 N24 的 1 号与 5 号端子之间的电阻值，正常应为 3 Ω。如果电阻值超出范围，则应更换鼓风机电阻 （5）拆卸鼓风机开关，拔下鼓风机开关插接器，将鼓风机开关置于 1 挡，使用万用表电阻挡测量鼓风机开关 E9 的 T6/2 号与 T6/5 号端子之间的电阻值；将鼓风机开关置于 2 挡，使用万用表电阻挡测量 E9 的 T6/2 号与 T6/4 号端子之间的电阻值；将鼓风机开关置于 3 挡，使用万用表电阻挡测量 E9 的 T6/2 号与 T6/3 号端子之间的电阻值；将鼓风机开关置于 4 挡，使用万用表电阻挡测量 E9 的 T6/2 号与 T6/1 号端子之间的电阻值。以上阻值均应小于 0.5 Ω （6）启动发动机，使用万用表 20 V 电压挡检测 E9 的 T6/2 号端子电压是否为 12 V，如果 T6/2 号端子电压不是 12 V，则说明 E9 的 T6/2 号端子到熔断器 S36 之间的线束有断路的地方，应检查此段线束 （7）使用万用表 200 Ω 电阻挡测量 E9 的 T6/5 号端子与 N24 的 1 号端子之间的电阻值，测量 N24 的 5 号端子与鼓风机插接器正极之间的电阻值，正常应小于 1 Ω

（二）实施记录

根据实际操作情况，完成表 11-3 的填写。

表 11-3 实施记录单

<table>
<tr><td rowspan="8">空调压缩机电磁离合器控制电路检查</td><td rowspan="2">空调开关</td><td>熔断器 S35 的熔丝</td><td>鼓风机开关电压</td><td>空调开关输出电压</td><td colspan="2">处理措施（备注）</td></tr>
<tr><td>正常 □
熔断 □</td><td>正常 □
异常 □</td><td>正常 □
异常 □</td><td colspan="2"></td></tr>
<tr><td rowspan="2">外界环境温度开关</td><td colspan="2">开关状态</td><td colspan="3">处理措施（备注）</td></tr>
<tr><td colspan="2">正常 □
故障 □</td><td colspan="3"></td></tr>
<tr><td rowspan="3">冷却风扇控制单元</td><td rowspan="2">相关熔断器的熔丝</td><td rowspan="2">熔断器名称</td><td colspan="2">线路</td><td rowspan="2">处理措施（备注）</td></tr>
<tr><td>线束</td><td>端子电压</td></tr>
<tr><td>正常 □
熔断 □</td><td></td><td>正常 □
故障 □</td><td>正常 □
异常 □</td><td></td></tr>
<tr><td>压缩机电磁离合器</td><td colspan="5">正常 □ 损坏 □</td></tr>
</table>

续表

<table>
<tr><td rowspan="7">鼓风机控制电路检查</td><td rowspan="2">鼓风机开关</td><td>挡位</td><td>1挡</td><td>2挡</td><td>3挡</td><td>4挡</td></tr>
<tr><td>结果</td><td>正常 □
异常 □</td><td>正常 □
异常 □</td><td>正常 □
异常 □</td><td>正常 □
异常 □</td></tr>
<tr><td rowspan="2">鼓风机电阻</td><td>端子</td><td>1号与2号</td><td>1号与4号</td><td>1号与5号</td><td>是否更换</td></tr>
<tr><td>电阻值</td><td></td><td></td><td></td><td>是 □　否 □</td></tr>
<tr><td rowspan="2">鼓风机</td><td colspan="2">鼓风机自身电阻值是否正常</td><td colspan="2">鼓风机运转是否正常</td><td>处理措施（备注）</td></tr>
<tr><td colspan="2">是 □　否 □</td><td colspan="2">是 □　否 □</td><td></td></tr>
</table>

五、检查

（一）自检

结合本组任务操作过程，对任务执行过程中的操作规范性进行检查，检查操作过程中是否存在以下问题，分析讨论应如何避免并总结规范的操作方法（见表 11-4）。

表 11-4　自检

项目	结果
压缩机电磁离合器接合是否正常	是 □　否 □
鼓风机运转是否正常	是 □　否 □
现场及工具整理是否到位	是 □　否 □

（二）互检

组与组之间相互进行任务操作过程及结果检查，并将检查结果填写在表 11-5 中。

表 11-5　互检

项目	结果
压缩机电磁离合器接合是否正常	是 □　否 □
鼓风机运转是否正常	是 □　否 □
现场及工具整理是否到位	是 □　否 □

六、课堂小结

任务十二　冷凝器冷却风扇控制电路检查与修理（一）

<table>
<tr><td colspan="6">冷凝器冷却风扇控制电路检查与修理任务工单——冷凝器冷却风扇检查</td></tr>
<tr><td>客户信息</td><td>姓名</td><td colspan="2"></td><td>电话</td><td></td></tr>
<tr><td rowspan="2">车辆信息</td><td colspan="2">车型</td><td colspan="2">VIN 码</td><td>行驶里程</td></tr>
<tr><td colspan="2"></td><td colspan="2"></td><td></td></tr>
<tr><td>客户描述</td><td colspan="5">空调系统保养 □　空调系统不制冷 □　鼓风机不运转 □
空调系统制冷效果差 □　冷却风扇不运转 □　冷却风扇运转不良 □
空调出风口温度无法调节 □　空调运转时伴有异响 □　空调异味 □
其他：</td></tr>
<tr><td colspan="3">车辆外观检查</td><td colspan="3">车辆内部检查</td></tr>
<tr><td>凹凸 □</td><td colspan="2" rowspan="4"></td><td>污渍 □</td><td colspan="2" rowspan="4"></td></tr>
<tr><td>划痕 □</td><td>破损 □</td></tr>
<tr><td>石击 □</td><td>色斑 □</td></tr>
<tr><td>油漆 □</td><td>变形 □</td></tr>
<tr><td>明确具体工作任务</td><td colspan="5"></td></tr>
</table>

任务目标

- 能够使用万用表对冷凝器冷却风扇控制电路进行检查与维修

任务内容

- 冷凝器冷却风扇控制电路的工作原理
- 冷却风扇控制单元的检查方法

续表

	● 冷凝器冷却风扇控制电路的工作原理 ● 冷却风扇控制单元的检查方法
	● 冷凝器冷却风扇控制电路的工作原理 ● 冷却风扇控制单元的检查方法

一、知识讲解

（一）冷凝器冷却风扇控制电路的工作原理

当打开鼓风机和空调开关，且外界环境温度高于 5 ℃时，发动机控制单元 J361 的 T80/44 号端子接收到空调请求信号，若发动机控制单元根据发动机冷却液温度及负荷等确定符合空调开启条件，发动机控制单元的 T80/42 号端子使冷却风扇控制单元 J293 的 T10w/8 号端子接地，冷却风扇控制单元通过其 T4z/2 号端子向冷却风扇 V7 的 2 号端子供电，冷却风扇开始低速运转。发动机控制单元及冷却风扇控制单元插接器如图 12-1 所示。

发动机控制单元插接器

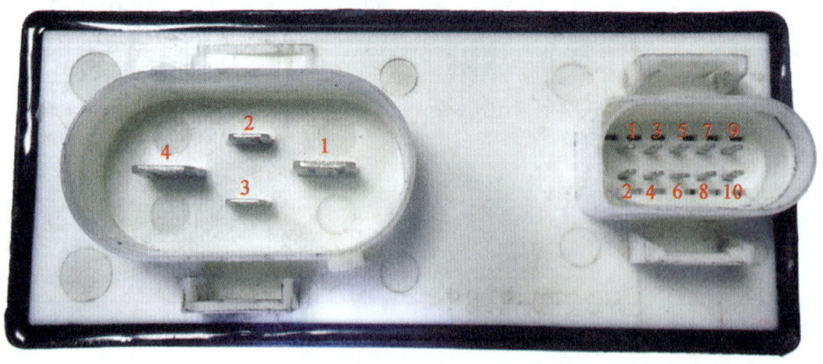

冷却风扇控制单元插接器

图 12-1 发动机控制单元及冷却风扇控制单元插接器

当发动机散热器上的双温开关 F18 的高温开关将信号（12 V 电压）传递给发动机控制单元 J361 的 T80/12 号端子时，或空调压力传感器 G65 将 1.6 MPa 压力信号（方波电压）传递给发动机控制单元的 T80/52 号端子时，发动机控制单元通过其 T80/40 号端子使冷却风扇控制单元 J293 的 T10w/6 号端子接地，冷却风扇控制单元通过其 T4z/1 号端子向冷却风扇 V7 的 1 号端子供电，冷却风扇开始高速运转。

（二）冷却风扇控制单元的检查方法

冷却风扇控制单元安装在发动机舱左侧蓄电池附近，由于控制单元不像开关那样可以直接对其进行操作，因此，在对冷却风扇控制单元进行检查时，只能通过对其输入信号和输出信号进行检查来判断其是否损坏。冷却风扇控制单元如图 12–2 所示。

图 12–2 冷却风扇控制单元

在对冷却风扇控制单元进行检查时，首先检查冷却风扇控制单元相关电源的熔断器的熔丝有无熔断（熔断器的安装位置如图 12–3 所示，熔断的熔丝可能有多个）；若正常，则测量包含冷却风扇控制单元在内的所有搭铁线路的电阻值（有些车型的搭铁线路是由其他控制单元控制导通的，也应一并测量）；若正常，则测量冷却风扇控制单元所有对外元件的连接线路的电阻值；若正常，则启动发动机，开启空调制冷功能，开启鼓风机（挡位任意），检查压缩机电磁离合器控制信号、冷却风扇控制信号是否正常；若有任何异常，则故障发生在冷却风扇控制单元内部或控制该控制单元搭铁的母控制单元（如车身电子控制单元）内部，此时应对母控制单元进行自诊断检测；若母控制单元正常，则确定故障发生在冷却风扇控制单元内部；若压缩机电磁离合器控制信号、冷却风扇控制信号均正常，则确定冷却风扇控制单元不存在故障，此时应重点检查冷却风扇、压缩机电磁离合器搭铁线路电阻和搭铁状态。

图 12–3 熔断器的安装位置

二、任务准备

在完成本任务所需的物品下面打“√”号。

 扭力扳手	 工具车	 三件套	 吹尘枪
 万用表	 工作灯	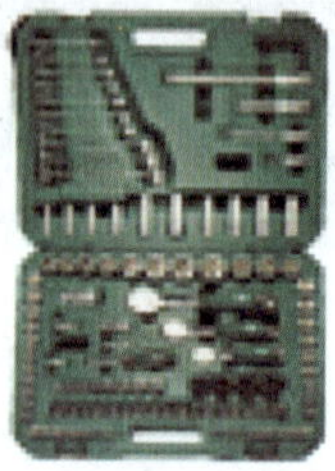 工具套装	 抹布
 温度计	 工作台	 零件车	 台虎钳
 尖嘴钳	 歧管压力表	 制冷剂加注回收机	 真空泵（两用）

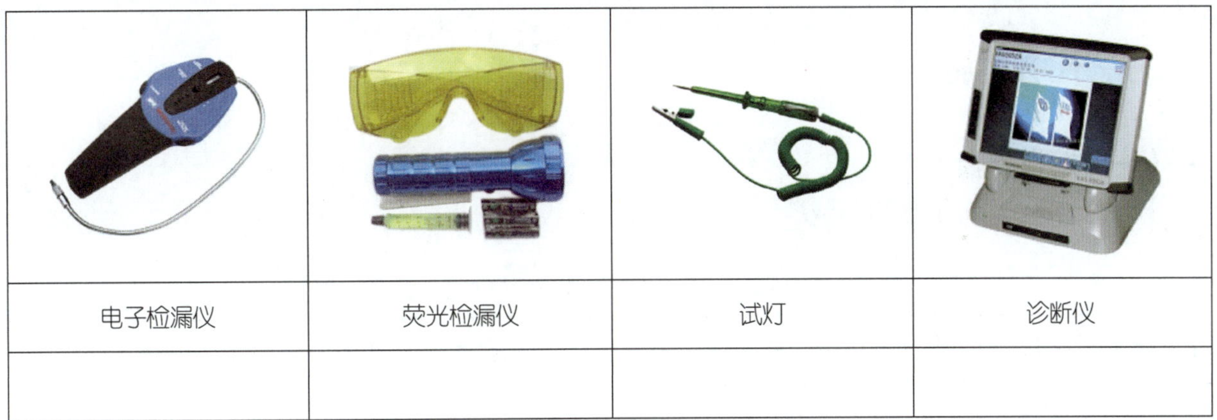

电子检漏仪	荧光检漏仪	试灯	诊断仪

三、防护措施

➢ 进入车间应穿工鞋，戴工帽，工作服应整洁、无破损，操作时不可佩戴手表等金属饰品，以防划伤车辆表面。

➢ 启动或举升车辆时，应通知其他人员远离车辆或举升机，注意安全。

➢ 更换后的零配件及油液应按规定回收处理。

识别下列三幅车间操作图片，勾选出操作正确的图片。

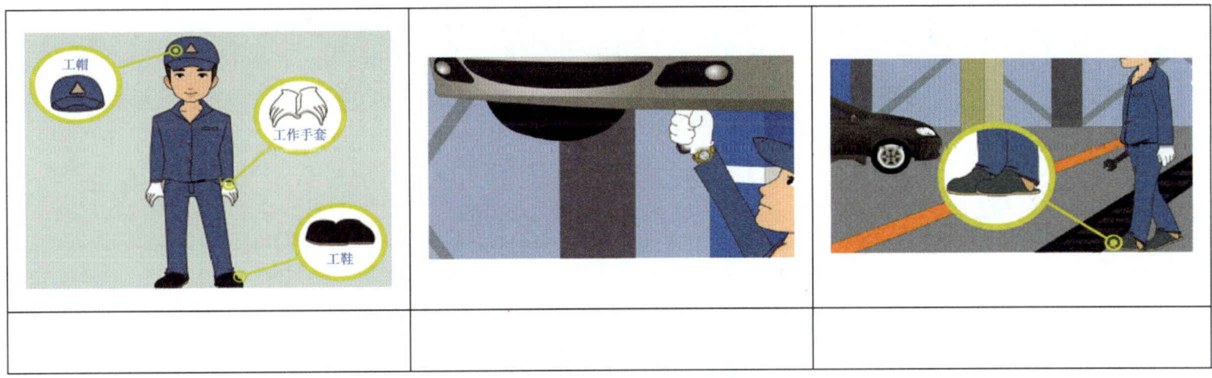

四、任务分配（见表 12-1）

表 12-1 任务分配表

<table>
<tr><th>职务</th><th>代码</th><th>姓名</th><th>工作内容</th></tr>
<tr><td>组长</td><td>A</td><td></td><td>监督、管理组员工作</td></tr>
<tr><td rowspan="4">组员</td><td>B</td><td></td><td rowspan="2">准备实训所需辅料及零配件</td></tr>
<tr><td>C</td><td></td></tr>
<tr><td>D</td><td></td><td rowspan="2">准备实训所需工具及手册</td></tr>
<tr><td>E</td><td></td></tr>
</table>

五、任务实施

（一）操作步骤

完成表 12–2 中工作内容的排序。

表 12–2　冷凝器冷却风扇控制电路检查与修理操作步骤

序号	项目	工作内容
	安全防护及工作准备	（1）铺设车内防护四件套 （2）打开发动机舱盖，铺设三件套
	冷却风扇及搭铁线路检查	（1）拔下固定在冷却风扇支架上的冷却风扇插接器，断开插接器 （2）使用万用表 200 Ω 电阻挡测量冷却风扇 V7 的 1 号与 3 号端子之间的电阻值，正常应为 0.3 Ω；测量 V7 的 2 号与 3 号端子之间的电阻值，正常应为 0.5 Ω。如果电阻值超出范围，则说明冷却风扇损坏，应对冷却风扇进行更换 （3）使用万用表蜂鸣挡检查 V7 的 3 号端子与任意搭铁点是否导通。如果导通，则说明搭铁正常；如果不导通，则应对线路进行检查
	冷却风扇控制单元拆卸，线路检查	（1）用 10 mm 套筒扳手拆卸膨胀水壶的两颗固定螺栓，把膨胀水壶放在一旁，用 10 mm 套筒扳手拆卸冷却风扇控制单元两颗固定螺栓，用 13 mm 套筒扳手拆卸冷却风扇控制单元固定支架，拔下冷却风扇控制单元的两个插接器 （2）使用万用表 200 Ω 电阻挡测量冷却风扇控制单元 J293 的 T4z/1 号端子与冷却风扇 V7 的 1 号端子之间的电阻值，测量 J293 的 T4z/2 号端子与 V7 的 2 号端子之间的电阻值，正常应小于 1 Ω （3）如果以上检查都正常，则说明冷却风扇及线路正常，应检查冷却风扇控制单元及线束
	冷却风扇控制单元及线束检查	（1）检查冷却风扇控制单元 J293 的熔断器 S167、S19、S38、S42 的熔丝是否熔断 （2）启动发动机，使用万用表 20 V 电压挡分别测量 J293 的 T4z/3、T4z/4、T10/w7、T10/w9 号端子的对地电压，正常应为 12 V 左右 （3）将冷却风扇控制单元插接器装回，启动发动机，打开空调开关，使用万用表 20 V 电压挡测量冷却风扇 V7 的 2 号与 3 号端子之间的电压，正常应为 14 V 左右，如果 2 号与 3 号端子之间的电压不是 14 V，则应对冷却风扇控制信号进行检查 （4）从 J293 的 T10w/8 号端子引出一根线，启动发动机，打开空调开关，使用万用表 20 V 电压挡测量 J293 的 T10w/8 号端子与蓄电池正极之间的电压，正常应与发电机发出的电压相同，约为 14 V；如果 T10w/8 号端子与蓄电池正极之间的电压不是 14 V，则使用万用表 200 Ω 电阻挡测量 J293 的 T10w/8 号端子与发动机控制单元 J361 的 T80/42 号端子之间线束的电阻值，正常应小于 0.5 Ω；如果电阻值正常，则说明发动机控制单元损坏，如果电阻值过大，则应检查线束
	整理	将车辆恢复原状，撤去三件套并关闭发动机舱盖，撤去车内防护四件套，整理工具及现场卫生
	验证故障是否排除	启动发动机，打开空调开关，观察冷却风扇是否运转。如果运转，则故障排除；如果不运转，则故障未排除，应继续排除故障

（二）实施记录

根据实际操作情况，完成表 12-3 的填写。

表 12-3 实施记录单

<table>
<tr><td rowspan="6">冷凝器冷却风扇检查</td><td rowspan="3">电阻值</td><td colspan="2">冷却风扇的 1 号与 3 号端子</td><td colspan="2">冷却风扇的 2 号与 3 号端子</td></tr>
<tr><td>正常值</td><td>测量值</td><td>正常值</td><td>测量值</td></tr>
<tr><td></td><td></td><td></td><td></td></tr>
<tr><td rowspan="3">线路</td><td>冷却风扇端子</td><td>1 号</td><td>2 号</td><td>3 号</td></tr>
<tr><td>冷却风扇控制单元端子</td><td>T4z/1</td><td>T4z/2</td><td>任意搭铁点</td></tr>
<tr><td>测量结果</td><td></td><td></td><td></td></tr>
<tr><td rowspan="6">冷凝器冷却风扇控制电路检查</td><td rowspan="2">熔断器</td><td>S167</td><td>S19</td><td>S38</td><td>S42</td></tr>
<tr><td>正常 □
熔断 □</td><td>正常 □
熔断 □</td><td>正常 □
熔断 □</td><td>正常 □
熔断 □</td></tr>
<tr><td rowspan="2">冷却风扇控制单元端子对地电压</td><td>T4z/3</td><td>T4z/4</td><td>T10w/7</td><td>T10w/9</td></tr>
<tr><td></td><td></td><td></td><td></td></tr>
<tr><td rowspan="2">线路</td><td colspan="2">冷却风扇控制单元的 T10w/8 号端子对蓄电池正极电压</td><td colspan="2">冷却风扇控制单元的 T10w/8 号端子与发动机控制单元的 T80/42 号端子之间的电阻值</td></tr>
<tr><td colspan="2">正常 □ 异常 □</td><td colspan="2">正常 □ 过大 □ 断路 □</td></tr>
</table>

六、检查

（一）自检

结合本组任务操作过程，对任务执行过程中的操作规范性进行检查，检查操作过程中是否存在以下问题，分析讨论应如何避免并总结规范的操作方法（见表 12-4）。

表 12-4 自检

项目	结果
故障是否排除	是 □ 否 □
各元器件安装、恢复是否到位	是 □ 否 □
现场及工具整理是否到位	是 □ 否 □

（二）互检

组与组之间相互进行任务操作过程及结果检查，并将检查结果填写在表 12-5 中。

表 12-5　互检

项目	结果
故障是否排除	是□　否□
各元器件安装、恢复是否到位	是□　否□
现场及工具整理是否到位	是□　否□

七、课堂小结

____

____

____

任务十三　冷凝器冷却风扇控制电路检查与修理（二）

<table>
<tr><td colspan="6">冷凝器冷却风扇控制电路检查与修理任务工单——冷凝器冷却风扇控制电路检查</td></tr>
<tr><td>客户信息</td><td>姓名</td><td colspan="2"></td><td>电话</td><td></td></tr>
<tr><td rowspan="2">车辆信息</td><td colspan="2">车型</td><td colspan="2">VIN 码</td><td>行驶里程</td></tr>
<tr><td colspan="2"></td><td colspan="2"></td><td></td></tr>
<tr><td>客户描述</td><td colspan="5">空调系统保养 □　空调系统不制冷 □　鼓风机不运转 □
空调系统制冷效果差 □　冷却风扇不运转 □　冷却风扇运转不良 □
空调出风口温度无法调节 □　空调运转时伴有异响 □　空调异味 □
其他：</td></tr>
<tr><td colspan="3">车辆外观检查</td><td colspan="3">车辆内部检查</td></tr>
<tr><td>凹凸 □
划痕 □
石击 □
油漆 □</td><td colspan="2"></td><td>污渍 □
破损 □
色斑 □
变形 □</td><td colspan="2"></td></tr>
<tr><td>明确具体工作任务</td><td colspan="5"></td></tr>
<tr><td>任务目标</td><td colspan="5">● 能够使用万用表对冷凝器冷却风扇控制电路进行检查与维修</td></tr>
<tr><td>任务内容</td><td colspan="5">● 冷凝器冷却风扇控制电路的工作原理
● 冷却风扇控制单元的检查方法</td></tr>
</table>

续表

 任务重点	● 冷凝器冷却风扇控制电路的工作原理 ● 冷却风扇控制单元的检查方法
 任务难点	● 冷凝器冷却风扇控制电路的工作原理 ● 冷却风扇控制单元的检查方法

一、任务准备

在完成本任务所需的物品下面打“√”号。

 扭力扳手	 工具车	 三件套	 吹尘枪
 万用表	 工作灯	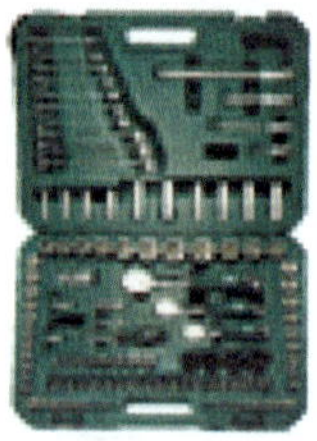 工具套装	 抹布
 温度计	 工作台	 零件车	 台虎钳
 尖嘴钳	 歧管压力表	 制冷剂加注回收机	 真空泵（两用）

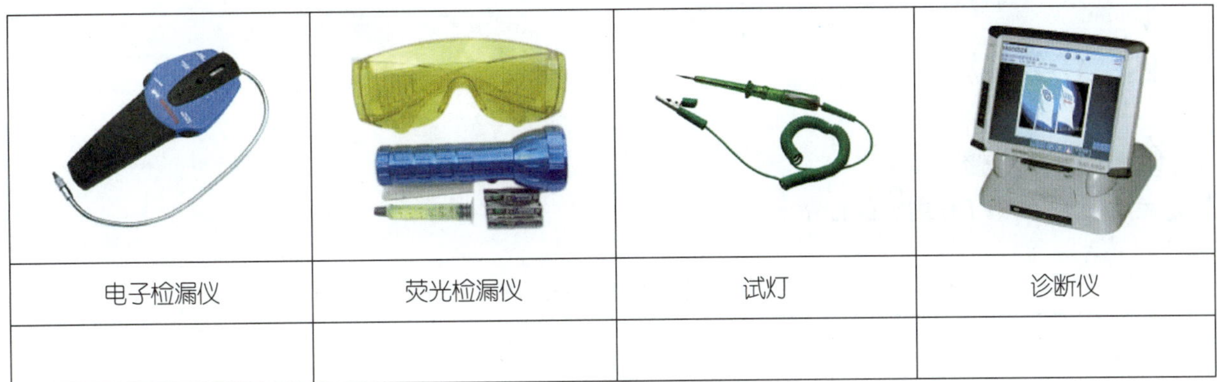

电子检漏仪	荧光检漏仪	试灯	诊断仪

二、防护措施

➢ 进入车间应穿工鞋，戴工帽，工作服应整洁、无破损，操作时不可佩戴手表等金属饰品，以防划伤车辆表面。

➢ 启动或举升车辆时，应通知其他人员远离车辆或举升机，注意安全。

➢ 更换后的零配件及油液应按规定回收处理。

识别下列三幅车间操作图片，勾选出操作正确的图片。

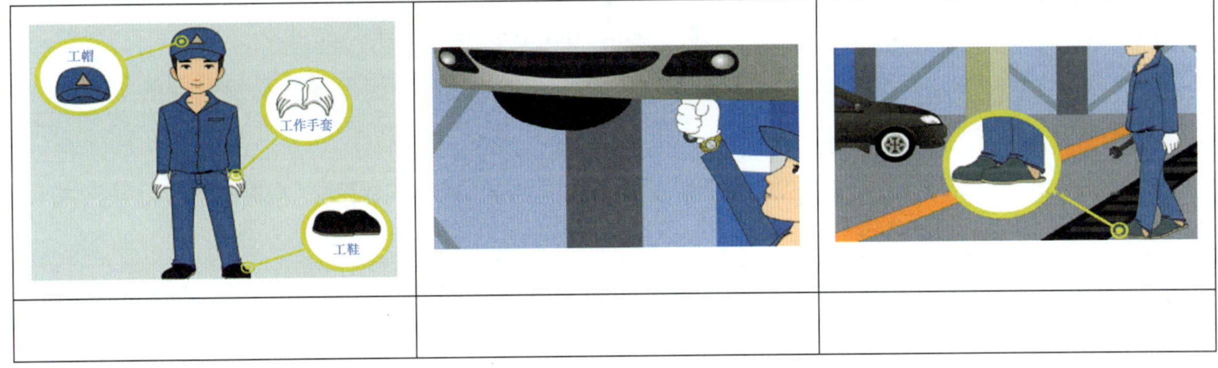

三、任务分配（见表 13-1）

表 13-1　任务分配表

职务	代码	姓名	工作内容
组长	A		监督、管理组员工作
组员	B		准备实训所需辅料及零配件
	C		
	D		准备实训所需工具及手册
	E		

四、任务实施

（一）操作步骤

完成表 13-2 中工作内容的排序。

表 13-2　冷凝器冷却风扇控制电路检查与修理操作步骤

序号	项目	工作内容
	安全防护及工作准备	（1）铺设车内防护四件套 （2）打开发动机舱盖，铺设三件套
	冷却风扇及搭铁线路检查	（1）拔下固定在冷却风扇支架上的冷却风扇插接器，断开插接器 （2）使用万用表 200 Ω 电阻挡测量冷却风扇 V7 的 1 号与 3 号端子之间的电阻值，正常应为 0.3 Ω；测量 V7 的 2 号与 3 号端子之间的电阻值，正常应为 0.5 Ω。如果电阻值超出范围，则说明冷却风扇损坏，应对冷却风扇进行更换 （3）使用万用表蜂鸣挡检查 V7 的 3 号端子与任意搭铁点是否导通。如果导通，则说明搭铁正常；如果不导通，则应对线路进行检查
	冷却风扇控制单元拆卸，线路检查	（1）用 10 mm 套筒扳手拆卸膨胀水壶的两颗固定螺栓，把膨胀水壶放在一旁，用 10 mm 套筒扳手拆卸冷却风扇控制单元两颗固定螺栓，用 13 mm 套筒扳手拆卸冷却风扇控制单元固定支架，拔下冷却风扇控制单元的两个插接器 （2）使用万用表 200 Ω 电阻挡测量冷却风扇控制单元 J293 的 T4z/1 号端子与冷却风扇 V7 的 1 号端子之间的电阻值，测量 J293 的 T4z/2 号端子与 V7 的 2 号端子之间的电阻值，正常应小于 1 Ω （3）如果以上检查都正常，则说明冷却风扇及线路正常，应检查冷却风扇控制单元及线束
	冷却风扇控制单元及线束检查	（1）检查冷却风扇控制单元 J293 的熔断器 S167、S19、S38、S42 的熔丝是否熔断 （2）启动发动机，使用万用表 20 V 电压挡分别测量 J293 的 T4z/3、T4z/4、T10/w7、T10/w9 号端子的对地电压，正常应为 12 V 左右 （3）将冷却风扇控制单元插接器装回，启动发动机，打开空调开关，使用万用表 20 V 电压挡测量冷却风扇 V7 的 2 号与 3 号端子之间的电压，正常应为 14 V 左右，如果 2 号与 3 号端子之间的电压不是 14 V，则应对冷却风扇控制信号进行检查 （4）从 J293 的 T10w/8 号端子引出一根线，启动发动机，打开空调开关，使用万用表 20 V 电压挡测量 J293 的 T10w/8 号端子与蓄电池正极之间的电压，正常应与发电机发出的电压相同，约为 14 V；如果 T10w/8 号端子与蓄电池正极之间的电压不是 14 V，则使用万用表 200 Ω 电阻挡测量 J293 的 T10w/8 号端子与发动机控制单元 J361 的 T80/42 号端子之间线束的电阻值，正常应小于 0.5 Ω；如果电阻值正常，则说明发动机控制单元损坏，如果电阻值过大，则应检查线束
	整理	将车辆恢复原状，撤去三件套并关闭发动机舱盖，撤去车内防护四件套，整理工具及现场卫生
	验证故障是否排除	启动发动机，打开空调开关，观察冷却风扇是否运转。如果运转，则故障排除；如果不运转，则故障未排除，应继续排除故障

（二）实施记录

根据实际操作情况，完成表 13–3 的填写。

表 13–3 实施记录单

<table>
<tr><td rowspan="6">冷凝器冷却风扇检查</td><td rowspan="3">电阻值</td><td colspan="2">冷却风扇的 1 号与 3 号端子</td><td colspan="2">冷却风扇的 2 号与 3 号端子</td></tr>
<tr><td>正常值</td><td>测量值</td><td>正常值</td><td>测量值</td></tr>
<tr><td></td><td></td><td></td><td></td></tr>
<tr><td rowspan="3">线路</td><td>冷却风扇端子</td><td>1 号</td><td>2 号</td><td>3 号</td></tr>
<tr><td>冷却风扇控制单元端子</td><td>T4z/1</td><td>T4z/2</td><td>任意搭铁点</td></tr>
<tr><td>测量结果</td><td></td><td></td><td></td></tr>
<tr><td rowspan="6">冷凝器冷却风扇控制电路检查</td><td rowspan="2">熔断器</td><td>S167</td><td>S19</td><td>S38</td><td>S42</td></tr>
<tr><td>正常 □
熔断 □</td><td>正常 □
熔断 □</td><td>正常 □
熔断 □</td><td>正常 □
熔断 □</td></tr>
<tr><td rowspan="2">冷却风扇控制单元端子对地电压</td><td>T4z/3</td><td>T4z/4</td><td>T10w/7</td><td>T10w/9</td></tr>
<tr><td></td><td></td><td></td><td></td></tr>
<tr><td rowspan="2">线路</td><td colspan="2">冷却风扇控制单元的 T10w/8 号端子对蓄电池正极电压</td><td colspan="2">冷却风扇控制单元的 T10w/8 号端子与发动机控制单元的 T80/42 号端子之间的电阻值</td></tr>
<tr><td colspan="2">正常 □ 异常 □</td><td colspan="2">正常 □ 过大 □ 断路 □</td></tr>
</table>

五、检查

（一）自检

结合本组任务操作过程，对任务执行过程中的操作规范性进行检查，检查操作过程中是否存在以下问题，分析讨论应如何避免并总结规范的操作方法（见表 13–4）。

表 13–4 自检

项目	结果
故障是否排除	是 □ 否 □
各元器件安装、恢复是否到位	是 □ 否 □
现场及工具整理是否到位	是 □ 否 □

（二）互检

组与组之间相互进行任务操作过程及结果检查，并将检查结果填写在表 13–5 中。

表 13-5 互检

项目	结果
故障是否排除	是□ 否□
各元器件安装、恢复是否到位	是□ 否□
现场及工具整理是否到位	是□ 否□

六、课堂小结

______

______

______

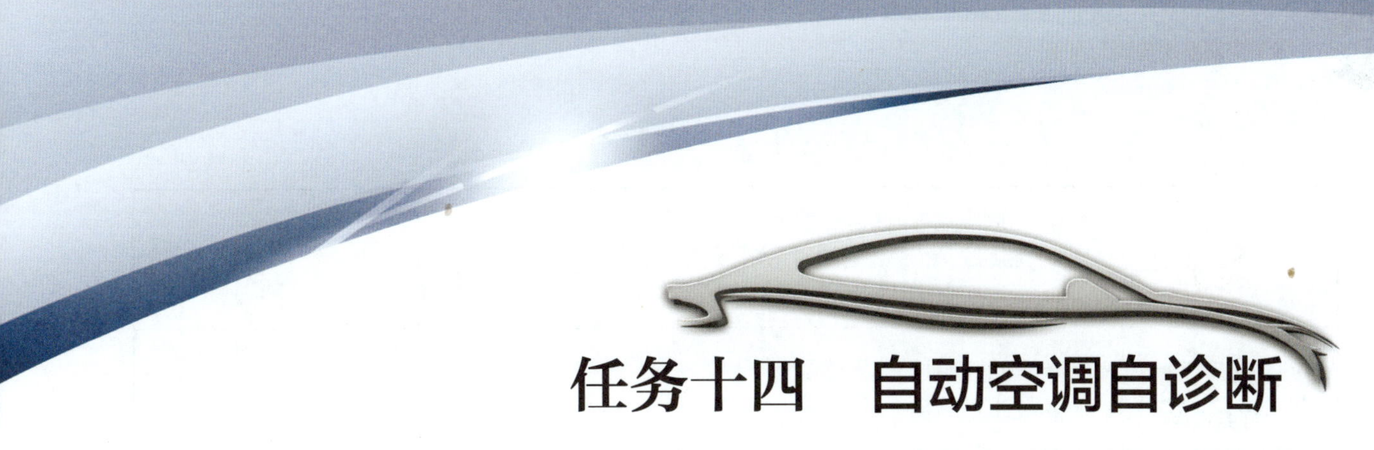

任务十四　自动空调自诊断

<table>
<tr><th colspan="6">自动空调自诊断任务工单</th></tr>
<tr><td>客户信息</td><td>姓名</td><td colspan="2"></td><td>电话</td><td></td></tr>
<tr><td rowspan="2">车辆信息</td><td colspan="2">车型</td><td colspan="2">VIN 码</td><td>行驶里程</td></tr>
<tr><td colspan="2"></td><td colspan="2"></td><td></td></tr>
<tr><td>客户描述</td><td colspan="5">空调系统保养 □　空调系统不制冷 □　鼓风机不运转 □
空调系统制冷效果差 □　冷却风扇不运转 □　冷却风扇运转不良 □
空调出风口温度无法调节 □　空调运转时伴有异响 □　空调异味 □
其他：</td></tr>
<tr><th colspan="3">车辆外观检查</th><th colspan="3">车辆内部检查</th></tr>
<tr><td>凹凸 □</td><td colspan="2" rowspan="4"></td><td>污渍 □</td><td colspan="2" rowspan="4"></td></tr>
<tr><td>划痕 □</td><td>破损 □</td></tr>
<tr><td>石击 □</td><td>色斑 □</td></tr>
<tr><td>油漆 □</td><td>变形 □</td></tr>
<tr><td>明确具体工作任务</td><td colspan="5"></td></tr>
</table>

任务目标

- 能够使用专用诊断仪对自动空调进行自诊断

任务内容

- 自动空调与手动空调的区别
- 自动空调控制系统的组成
- 自动空调传感器、执行元件、控制单元的作用
- 自动空调自诊断方法

续表

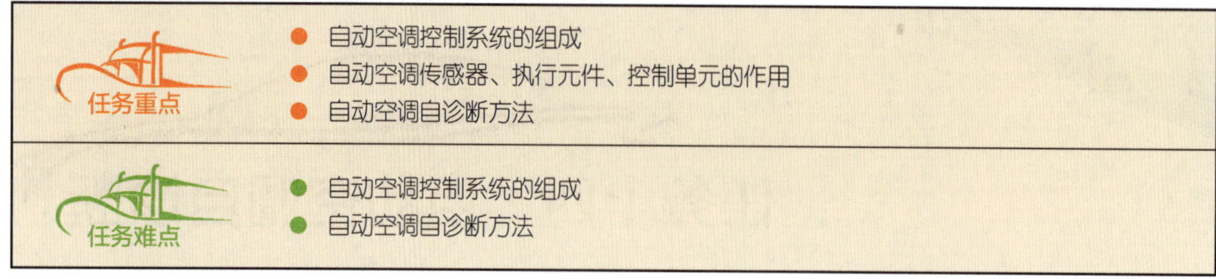

任务重点	● 自动空调控制系统的组成 ● 自动空调传感器、执行元件、控制单元的作用 ● 自动空调自诊断方法
任务难点	● 自动空调控制系统的组成 ● 自动空调自诊断方法

一、知识讲解

(一)自动空调

1. 自动空调与手动空调的区别

自动空调与手动空调都是由制冷系统、通风与空气净化系统、控制系统等组成的，不同之处在于自动空调的控制系统采用自动控制，利用传感器和控制单元对执行元件进行自动操作，可以准确地将车内的温度设定在指定的温度范围内。

2. 自动空调控制系统的组成

自动空调控制系统主要由传感器、执行元件及控制单元三大部分组成（见图 14-1）。控制单元接收来自电器和电子部件（信息转换器）的信息，并按其特征加以修正，并输出信号控制电气部件（执行控制）。

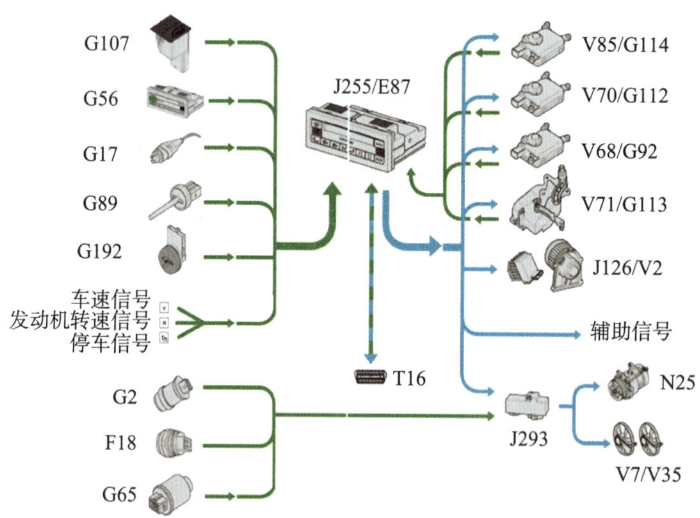

图 14-1　自动空调控制系统的组成

G107—阳光照射传感器　G56—车内温度传感器　G17—车外温度传感器　G89—新鲜空气进气温度传感器　G192—脚部出风口温度传感器　G2—发动机冷却液温度传感器　F18—双温开关　G65—空调压力传感器　V85/G114—脚部 / 除霜伺服电动机及电位计　V70/G112—中央风门伺服电动机及电位计　V68/G92—温度翻板伺服电动机及电位计　V71/G113—循环风门伺服电动机及电位计　J126/V2—新鲜空气鼓风机控制单元　N25—压缩机电磁离合器　V7/V35—冷却风扇　J293—冷却风扇控制单元　J255/E87—自动空调控制单元及显示单元　T16—自诊断接口

3. 自动空调传感器的作用

自动空调传感器的主要作用是采集车内与车外的温度信息和执行元件的位置反馈信息，以及接收驾驶员或乘客的指令信息。

自动空调控制系统的传感器信号主要有三种：一是控制面板设定的温度信号和功能选择信号；二是车内温度传感器、车外温度传感器、阳光照射传感器等各种传感器输入的信号；三是空气混合风门的位置反馈信号。自动空调控制系统传感器的安装位置如图 14–2 所示。

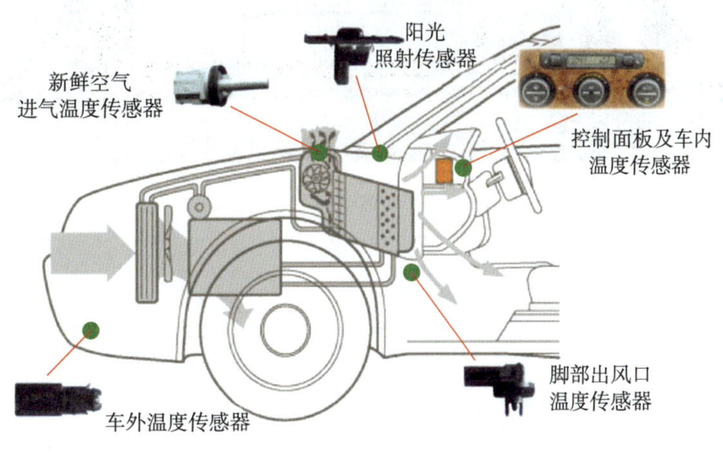

图 14–2 自动空调控制系统传感器的安装位置

4. 自动空调执行元件的作用

自动空调执行元件采用伺服电动机进行控制，即通过控制面板向控制单元输入各种指令，控制单元再根据从各传感器收集来的信号，通过计算、分析、比较，发出指令，控制伺服电动机动作，打开所需的风门，按照输入的预设温度控制风门的位置。同时，伺服电动机上的电位计还会将伺服电动机的开启位置信号反馈给控制单元，提高伺服电动机工作的可靠性。自动空调伺服电动机如图 14–3 所示。

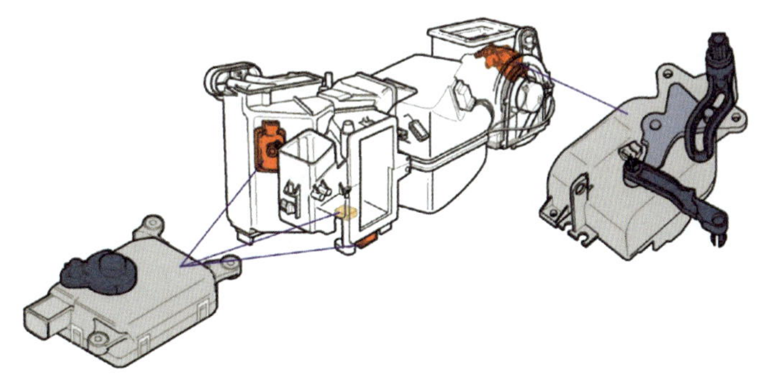

图 14–3 自动空调伺服电动机

5. 自动空调控制单元的作用

自动空调控制单元（J255）与自动空调显示单元（E87）两者合成一体，不能分解。自动空调控制单元的主要作用是根据传感器采集的数据信息进行整理和运算，采用合理的控制方式控制执行元件动作，以达到设定的车内温度。速腾轿车自动空调控制及显示面板如图 14–4 所示。

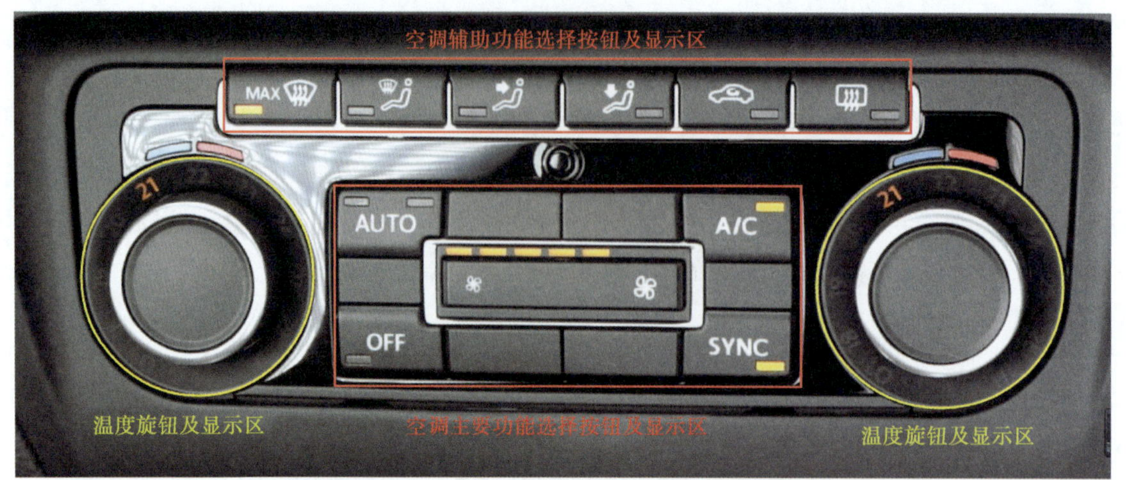

图 14-4 速腾轿车自动空调控制及显示面板

自动空调控制单元另一个重要功能是自诊断。为了能在部件发生故障或线束断路时迅速查找到故障原因，控制单元装备了一个故障存储器，如果被监测的传感器或部件发生故障，这些故障连同故障类型信息将一同被存入故障存储器。若故障存储器存储了对空调系统有严重影响的永久故障时，自动空调控制单元将按自动空调控制及显示面板的设定温度，以应急模式运行。

当空调系统出现故障时，可以使用诊断设备读出故障，并根据显示的故障信息对故障进行排除。

（二）自动空调自诊断方法

自动空调自诊断需要用到专用的诊断设备，俗称解码器，也称诊断仪，常用的品牌有元征、博世、金奔腾等。除此之外，还有生产厂商专用的诊断设备，如大众 5054、1551、1552 等型号的诊断设备。

诊断设备对空调系统进行诊断的功能主要有读取 / 清除故障码、控制单元编码、基本设定、读取数据流、执行元件测试等。

1. 读取 / 清除故障码

通过读取和清除故障存储器中的内容，可以帮助维修人员明确维修方向，快速对空调系统存在的问题进行修复。

2. 控制单元编码

不同车型或车型相同但硬件配置不同的车辆所需要的控制单元软件不同，因此，更换新的控制单元时，为了能正确激活控制单元，必须对其进行控制单元编码。

3. 基本设定

当自动空调系统更换新的控制单元或伺服电动机后，需要对空调系统进行基本设定，帮助控制单元识别执行元件的最大和最小位置，以便快速实现精确控制。基本设定完成后需查询并删除故障记忆。

4. 读取数据流

读取数据流可以帮助维修人员对空调系统进行合理分析，从而对空调系统可能存在的故障进行判断。

5. 执行元件测试

执行元件测试是指利用自动空调控制单元直接向执行元件发出控制指令，从而通过看或听来判断某一执行元件是否存在故障。

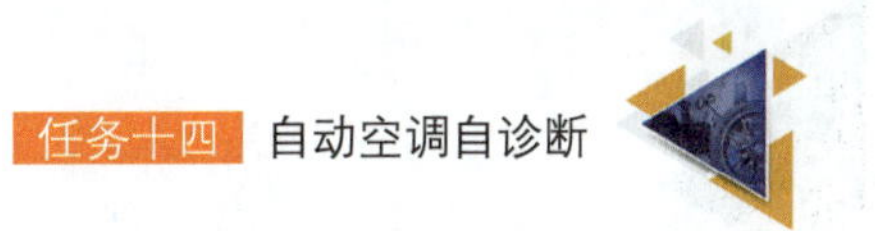

二、任务准备

在完成本任务所需的物品下面打“√”号。

 扭力扳手	 工具车	 三件套	 吹尘枪
 万用表	 工作灯	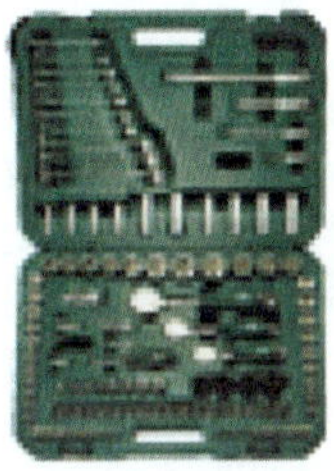 工具套装	 抹布
 温度计	 工作台	 零件车	 台虎钳
 尖嘴钳	 歧管压力表	 制冷剂加注回收机	 真空泵（两用）

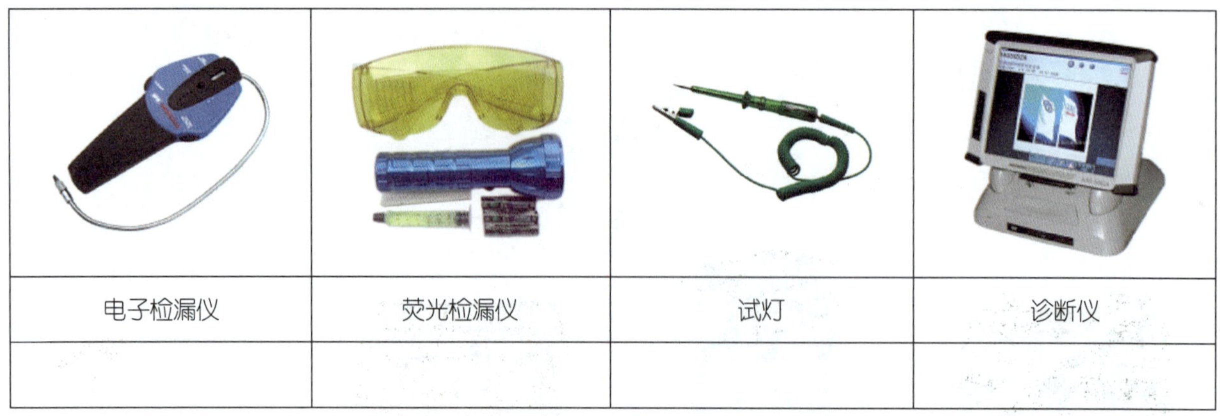

电子检漏仪	荧光检漏仪	试灯	诊断仪

三、防护措施

➢ 进入车间应穿工鞋，戴工帽，工作服应整洁、无破损，操作时不可佩戴手表等金属饰品，以防划伤车辆表面。

➢ 启动或举升车辆时，应通知其他人员远离车辆或举升机，注意安全。

➢ 更换后的零配件及油液应按规定回收处理。

识别下列三幅车间操作图片，勾选出操作正确的图片。

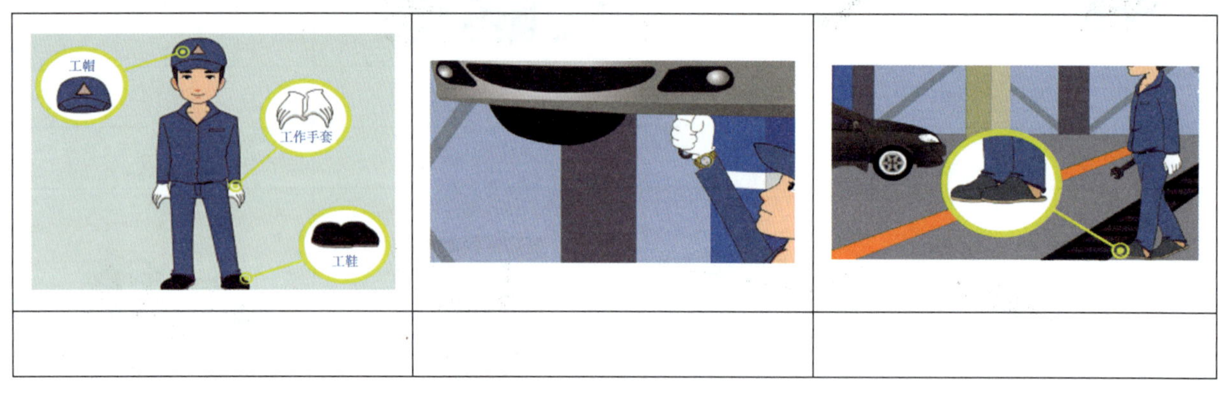

四、任务分配（见表 14-1）

表 14-1　任务分配表

职务	代码	姓名	工作内容
组长	A		监督、管理组员工作
组员	B		准备实训所需辅料及零配件
	C		
	D		准备实训所需工具及手册
	E		

五、任务实施

（一）操作步骤

完成表 14–2 中工作内容的排序。

表 14–2　自动空调自诊断操作步骤

序号	项目	工作内容
	安全防护及工作准备	铺设车内防护四件套
	故障码查询	连接诊断仪诊断接头，启动发动机，读取空调系统故障码
	按键功能使用及检查	打开空调开关，根据以下功能说明，检查自动空调控制面板按键功能是否正常 （1）风窗玻璃除霜模式按键：按下此按键，指示灯点亮，风窗玻璃除霜功能开启 （2）面部出风模式按键：按下此按键，指示灯点亮，气流从面部出风口吹出 （3）脚部出风模式按键：按下此按键，指示灯点亮，气流从脚部出风口吹出 （4）内外循环按键：按下此按键，指示灯点亮，空气只在车内流通；再次按下此按键，指示灯熄灭，空气从车外流入车内 （5）后风窗加热按键：按下此按键，指示灯点亮，后风窗加热功能开启；再次按下此按键，指示灯熄灭，后风窗加热功能关闭 （6）A/C 按键：操作此按键可以打开空调，按下此按键使指示灯点亮时，空调压缩机开启 （7）SYNC（双区同步温控）按键：按下此按键使指示灯点亮时，可以实现左右双区同时设定相同温度；按下此按键使指示灯熄灭时，可以实现左右双区独立设定不同温度 （8）鼓风机风速调节按键：短促按压此按键可改变鼓风机的风速挡 （9）OFF（关闭）按键：操作此按键可以关闭空调 （10）AUTO（自动）按键：按下此按键，自动空调自动保持所选车内温度，此时出风口温度、鼓风机风速和出风口模式自动变化 （11）左侧温度调节旋钮：旋转此旋钮，可以调节车内左部温度 （12）右侧温度调节旋钮：旋转此按钮，可以调节车内右部温度
	整理	撤去车内防护四件套，将车辆恢复原状

（二）实施记录

根据实际操作情况，完成表 14–3 的填写。

表 14–3　实施记录单

自动空调系统检查	风窗玻璃除霜模式	面部出风模式	脚部出风模式
	正常 □　故障 □	正常 □　故障 □	正常 □　故障 □
	内外循环	后风窗加热	A/C 按键
	正常 □　故障 □	正常 □　故障 □	正常 □　故障 □
	双区同步温控	鼓风机风速调节	OFF 按键
	正常 □　故障 □	正常 □　故障 □	正常 □　故障 □

续表

<table>
<tr><td rowspan="4">自动空调系统检查</td><td colspan="2">AUTO 按键</td><td colspan="2">左侧温度调节</td><td colspan="2">右侧温度调节</td></tr>
<tr><td colspan="2">正常 □　故障 □</td><td colspan="2">正常 □　故障 □</td><td colspan="2">正常 □　故障 □</td></tr>
<tr><td colspan="3">设定温度</td><td colspan="3">实测出风口温度</td></tr>
<tr><td colspan="3"></td><td colspan="3"></td></tr>
<tr><td rowspan="2">自动空调系统自诊断</td><td colspan="3">有无故障码</td><td colspan="3">故障码内容</td></tr>
<tr><td colspan="3">有 □　无 □</td><td colspan="3"></td></tr>
</table>

六、检查

（一）自检

结合本组任务操作过程，对任务执行过程中的操作规范性进行检查，检查操作过程中是否存在以下问题，分析讨论应如何避免并总结规范的操作方法（见表 14–4）。

表 14–4　自检

项目	结果
检查内容是否全部完成	是 □　否 □
检查结果是否核对	是 □　否 □
现场及工具整理是否到位	是 □　否 □

（二）互检

组与组之间相互进行任务操作过程及结果检查，并将检查结果填写在表 14–5 中。

表 14–5　互检

项目	结果
检查内容是否全部完成	是 □　否 □
检查结果是否核对	是 □　否 □
现场及工具整理是否到位	是 □　否 □

七、课堂小结

情境四

空调系统电器元件检查与更换

任务十五　自动空调传感器检查与更换

自动空调传感器检查与更换任务工单					
客户信息	姓名		电话		
车辆信息	车型		VIN 码		行驶里程
客户描述	空调系统保养 □ 空调系统制冷效果差 □ 空调出风口温度无法调节 □ 其他：		空调系统不制冷 □ 冷却风扇不运转 □ 空调运转时伴有异响 □		鼓风机不运转 □ 冷却风扇运转不良 □ 空调异味 □
车辆外观检查			车辆内部检查		
凹凸 □			污渍 □		
划痕 □			破损 □		
石击 □			色斑 □		
油漆 □			变形 □		
明确具体工作任务					

任务目标

- 能够根据自动空调各传感器的工作原理对其进行检查，并判断传感器是否损坏或故障原因
- 能够查阅手册，对自动空调各传感器进行拆卸、更换和安装

任务内容

- 自动空调传感器的作用与分类
- 自动空调各传感器的安装位置与工作原理
- 自动空调传感器的检查方法

续表

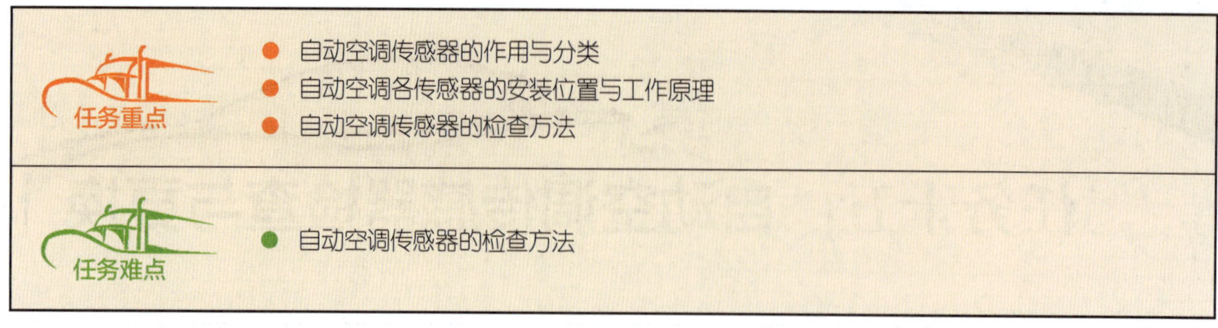

任务重点	● 自动空调传感器的作用与分类 ● 自动空调各传感器的安装位置与工作原理 ● 自动空调传感器的检查方法
任务难点	● 自动空调传感器的检查方法

一、知识讲解

（一）自动空调传感器的作用与分类

1. 自动空调传感器的作用

与其他电控系统中传感器的作用类似，自动空调传感器的主要作用是向自动空调控制单元提供与空调系统相关的温度参数或运行参数，使自动空调控制单元能够通过对车外与车内环境的比较，及时调整空调系统控制的反馈信息，更加精确地控制空调系统运转。

2. 自动空调传感器的分类

根据传感器的工作原理不同，自动空调传感器可分为温度传感器、压力传感器、光敏传感器和空气质量传感器等。

（二）自动空调各传感器的安装位置和工作原理

1. 温度传感器

自动空调系统中温度传感器最多，主要有车外温度传感器、车内温度传感器、蒸发器温度传感器、出风口温度传感器等。无论温度传感器安装在什么位置，其基本工作原理相似，都是采用负温度系数的热敏电阻，利用电阻变化来计算温度，其工作原理如图 15–1 所示。

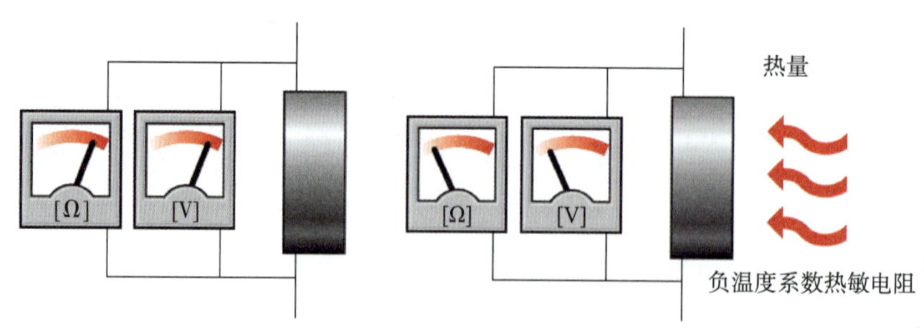

图 15–1　负温度系数热敏电阻工作原理

2. 空调压力传感器

空调压力传感器安装在空调制冷系统的高压侧，用来检测从压缩机出口流出的制冷剂压力，控制单元依据此信号测定制冷系统内部的压力，从而控制压缩机调节电磁阀改变压缩机的负荷，以达到调节系统压力的目的，其工作原理如图 15–2 所示。

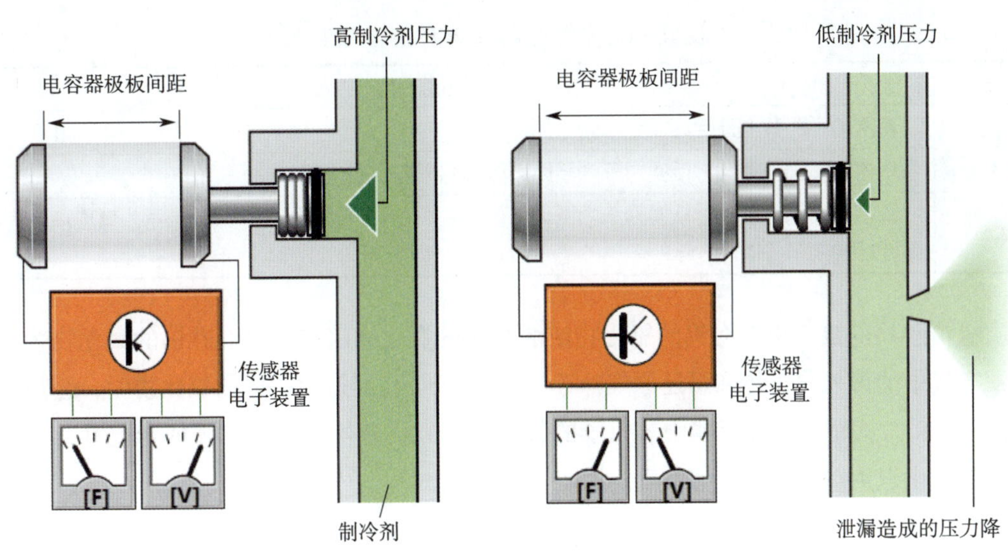

图 15-2 空调压力传感器工作原理

若空调压力传感器损坏，则制冷功能将关闭，即关闭压缩机调节电磁阀。

3. 阳光照射传感器

阳光照射传感器安装在仪表板除霜通风口中间位置，它的外壳上部是一个黑色塑料滤光器，在滤光器下方有一个或两个光电二极管，利用光电二极管来检测阳光的照射强度，从而对通风与空气净化系统进行控制，调节出风口和车内温度，其工作原理如图 15-3 所示。

若阳光照射传感器中有两个光电二极管，当其中一个损坏时，将采用另一个提供的信号，若两个都损坏，则采用固定值代替。若只有一个光电二极管，则损坏后直接采用固定值代替。

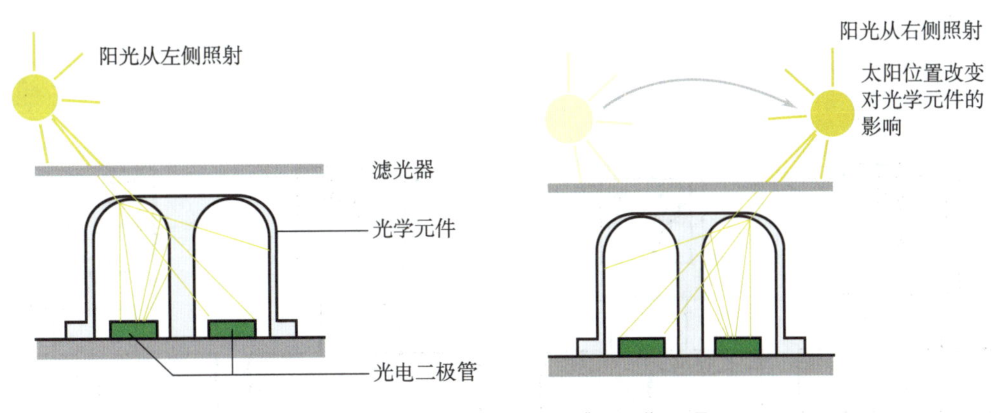

图 15-3 阳光照射传感器工作原理

4. 空气质量传感器

空气质量传感器安装在车辆右前方流水槽的进气格栅上，它的主要作用是识别车外环境中的有害物质（主要是汽油或柴油的废气）。自动空调根据这一信号和车外环境温度对通风与空气净化系统自动进行车内外循环控制。空气质量传感器的控制内容见表 15-1。

表 15-1 空气质量传感器的控制内容

环境温度	控制内容
>2 ℃	有害物质略有上升便切换至车内循环
-5～2 ℃	有害物质剧烈上升才切换为车内循环，同时打开空调压缩机
<-5 ℃	有害物质剧烈上升才切换为车内循环，但不打开空调压缩机，运行 15 s 后，有害物质有所下降，重新切换为车外循环

空气质量传感器的核心由混有钨的氧化物或混有锡的氧化物组成。以混有锡的氧化物为例，其工作原理是：空气中的可氧化气体和可还原气体（见表 15-2）在经过混有锡的氧化物时，会被氧化或者还原（见图 15-4），从而改变传感器中氧原子的数量，导致传感器的电阻下降或者上升，传感器电子装置根据电阻变化识别空气中的有害物质，如图 15-5 所示。

表 15-2 空气中的可氧化气体和可还原气体

可氧化气体	一氧化碳（CO）、苯蒸气、汽油蒸气、碳氢化合物、未燃烧的或者燃烧不充分的燃油成分
可还原气体	氮氧化合物（NO_x）

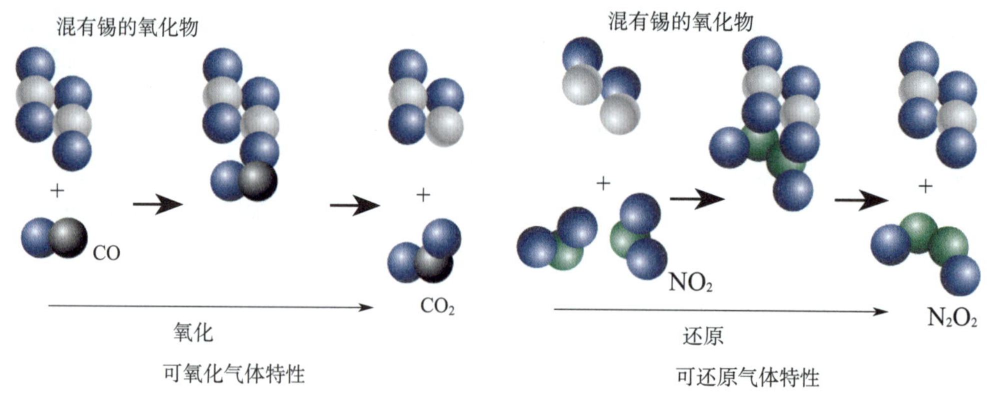

图 15-4 不同类型气体特性

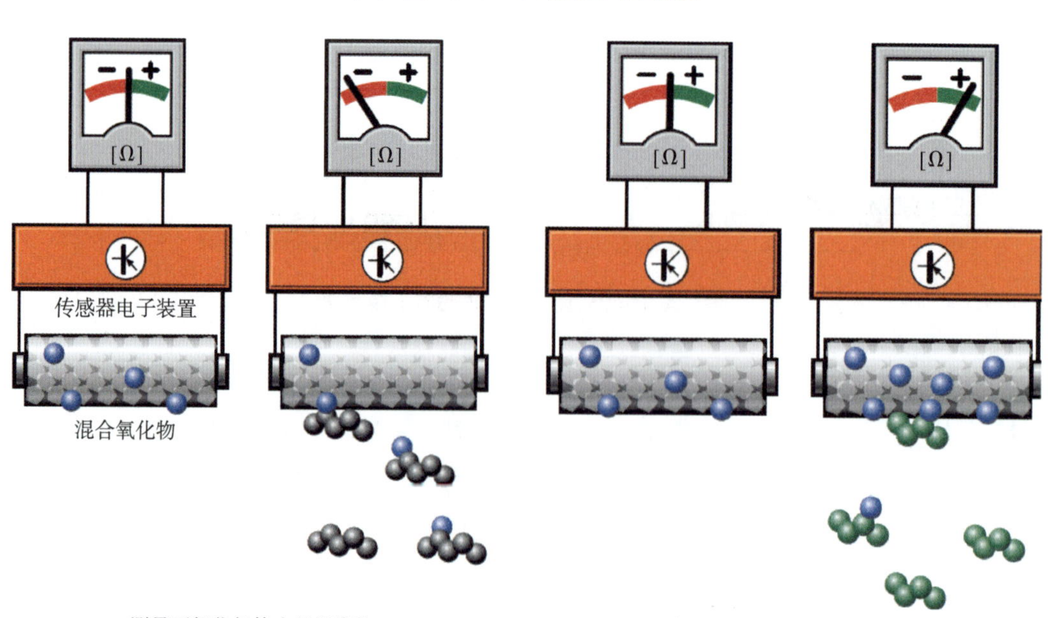

图 15-5 不同类型气体污染物的测量

5. 电位计

电位计的主要作用是向自动空调控制单元反馈各个执行元件的位置信号，其主要组成部分是一个滑动电阻，通过检测电阻的滑动触点电压来确定执行元件的位置。电位计通常与执行元件集成在一起，如图 15-6 所示。

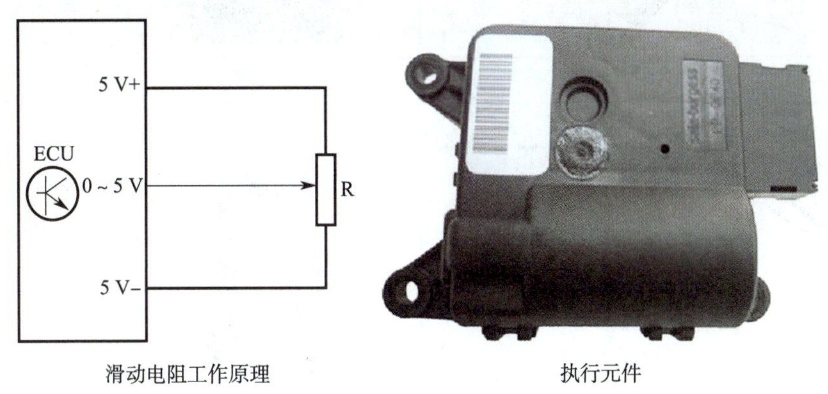

图 15-6　电位计的滑动电阻工作原理与执行元件

（三）自动空调传感器的检查方法

当自动空调系统中的传感器出现断路、短路或信号超出测量范围等故障时，空调系统会自动记录并储存相关的故障码，维修人员可根据故障码提示进行维修。

1. 传感器短路与断路故障的检查

若空调系统出现此类故障，则应拔下传感器插接器并检查其有无松动、锈蚀、端子弯曲等现象，另外还应检查传感器插接器与控制单元插接器之间的线路是否存在断路现象、各线束之间是否存在短路现象。

2. 传感器信号超出范围或低于下限

若空调系统出现此类故障，首先应检查是否机械故障或传感器基本设定是否正常。当以上情况都正常时，则可能是传感器损坏，可采用“替换法”即更换一个新的传感器重新进行检查，以判断传感器是否正常。

二、任务准备

在完成本任务所需的物品下面打“√”号。

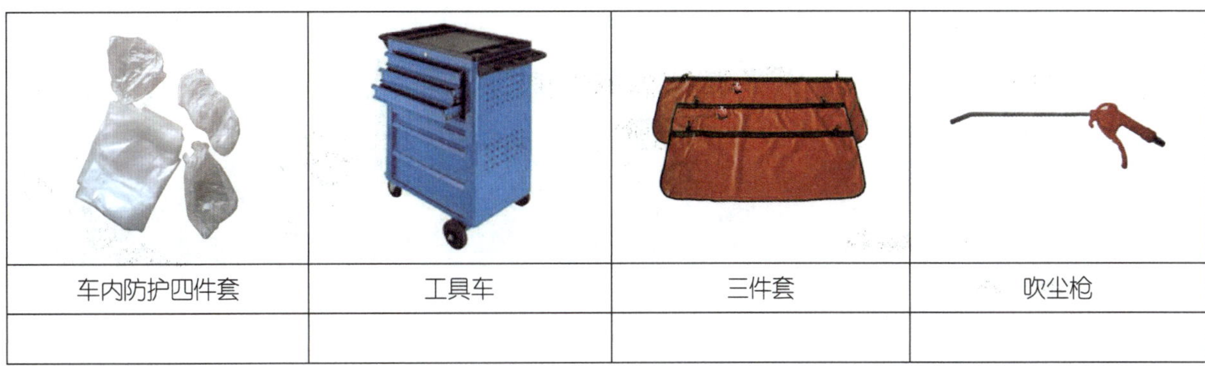

车内防护四件套	工具车	三件套	吹尘枪

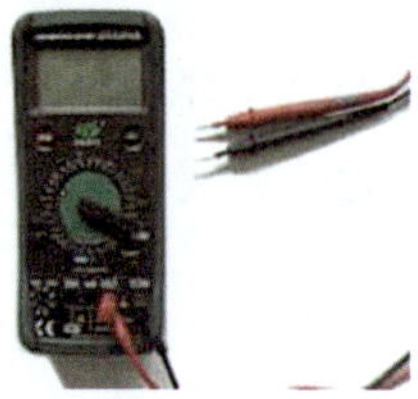 万用表	 工作灯	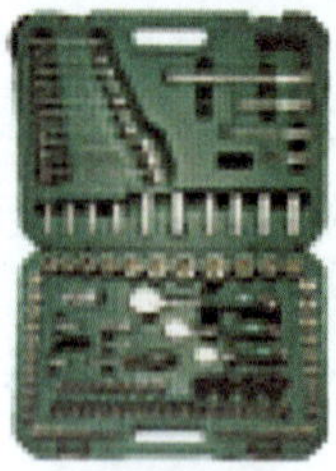 工具套装	 抹布

尖嘴钳	温度计	制冷剂加注回收机	真空泵（两用）

工作台	呆扳手	试灯	诊断仪

三、防护措施

➢ 进入车间应穿工鞋，戴工帽，工作服应整洁、无破损，操作时不可佩戴手表等金属饰品，以防划伤车辆表面。

➢ 启动或举升车辆时，应通知其他人员远离车辆或举升机，注意安全。

➢ 更换后的零配件及油液应按规定回收处理。

识别下列三幅车间操作图片，勾选出操作正确的图片。

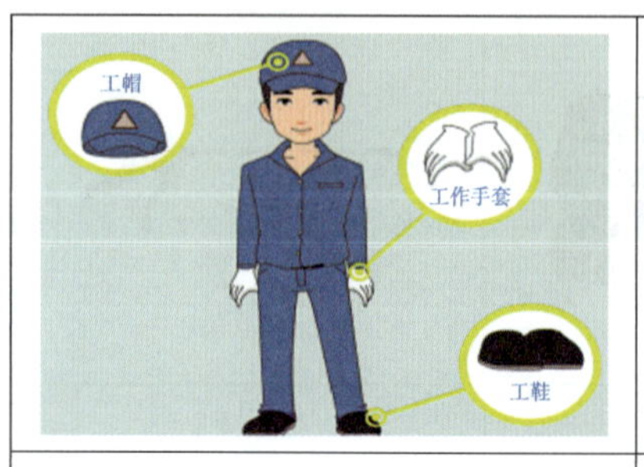		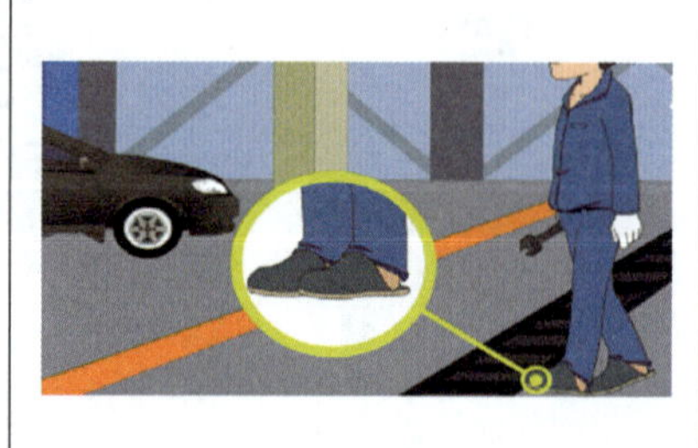

四、任务分配（见表 15-3）

表 15-3 任务分配表

职务	代码	姓名	工作内容
组长	A		监督、管理组员工作
组员	B		准备实训所需辅料及零配件
	C		
	D		准备实训所需工具及手册
	E		

五、任务实施

（一）操作步骤

结合图 15-7 和图 15-8 完成表 15-4 中工作内容的排序。

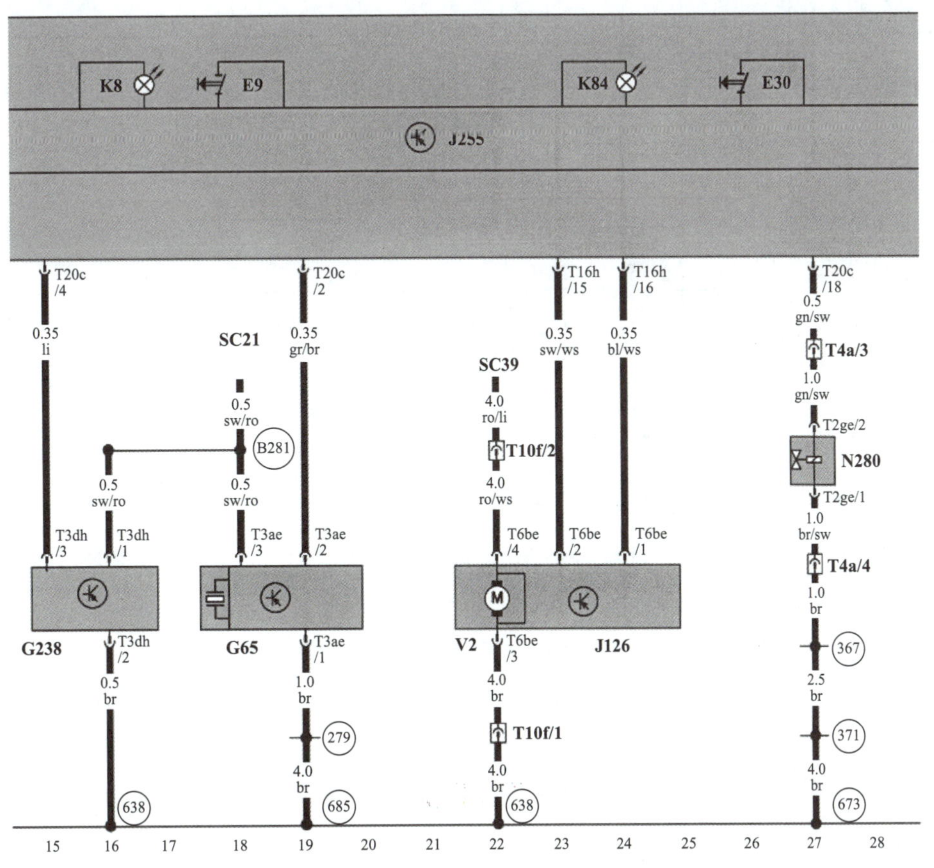

图 15-7 自动空调空调压力传感器控制电路图

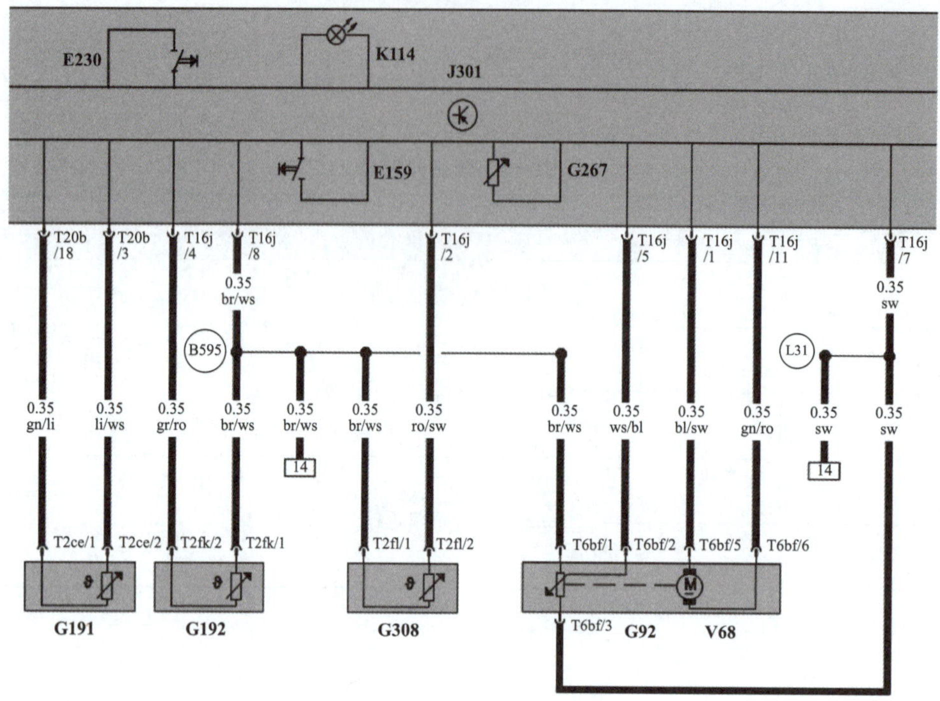

图 15-8　自动空调蒸发器温度传感器控制电路图

表 15-4　自动空调传感器检查与更换操作步骤

序号	项目	顺序	工作内容
1	工作准备		铺设车内防护四件套
			打开发动机舱盖，铺设三件套
2	自动空调系统常规检查		分别检查风窗玻璃除霜、面部出风、脚部出风模式是否正常
			启动发动机并按下空调 max A/C 按键，使用出风口温度计测量面部出风口温度
			操作自动空调控制面板上的各个按键，检查鼓风机风速调节、左右侧温度调节、双区同步温控等功能是否正常
			连接诊断仪，检查自动空调控制单元有无故障码
3	空调压力传感器检查		如果以上检查都正常，更换空调压力传感器，更换之前应将制冷剂回收，具体更换步骤参照维修手册
			测量自动空调控制单元 J255 的 T20c/2 号端子到空调压力传感器 G65 的 T3ae/2 号端子之间线束的电阻值
			拆卸自动空调控制面板，拔下 T20c 号插接器
			测量熔断器 SC21 到空调压力传感器 G65 的 T3ae/3 号端子之间线束的电阻值
			拔下空调压力传感器 G65 的插接器，使用万用表测量 G65 的 T3ae/1 号端子到搭铁之间线束的电阻值
			检查熔断器 SC21 是否正常

续表

序号	项目	顺序	工作内容
3	空调压力传感器检查		进入 01 发动机控制单元，读取 137 组数据，第一区显示空调开关信号，第二区显示空调压缩机状态，第三区显示空调系统压力（此压力与 08 空调系统压力相同），第四区显示冷却风扇占空比
			连接诊断仪，读取 08 空调系统控制单元故障码，查看其中关于空调压力传感器的故障码，然后读取空调系统压力的测量值
4	温度传感器检查（以蒸发器温度传感器为例）		连接诊断仪，读取 08 空调系统控制单元故障码，查看其中关于蒸发器温度传感器的故障码，然后读取蒸发器温度的测量值
			拆卸右侧的脚部空间饰板，拔下蒸发器温度传感器的插接器
			将蒸发器温度传感器逆时针旋转 90°，并将其从外壳中取出
			拆卸自动空调控制面板，拔下 T16j 号插接器
			使用万用表测量自动空调控制单元 J255 的 T16j/2 号端子到蒸发器温度传感器 G308 的 T2fl/2 号端子之间线束的电阻值
			测量蒸发器温度传感器 G308 的 T2fl/1 号端子到自动空调控制单元 J255 的 T16j/8 号端子之间线束的电阻值
			测量蒸发器温度传感器在常温下的电阻值；将蒸发器温度传感器放入凉水中，观察其电阻值的变化；向凉水中倒入热水，观察其电阻值的变化
5	整理		将拆卸的部件装回原位，更换或修复故障部件，检查自动空调系统能否正常工作
			撤去防护用品

（二）实施记录

根据实际操作情况，完成表 15-5 的填写。

表 15-5 实施记录单

自动空调系统常规检查	风窗玻璃除霜模式	面部出风模式 / 温度	脚部出风模式
	正常 □ 故障 □	正常 □ 故障 □ / （ ）℃	正常 □ 故障 □
	鼓风机风速调节	左侧温度调节	右侧温度调节
	正常□ 故障 □	正常 □ 故障 □	正常 □ 故障 □
	双区同步温控	A/C 按键	OFF 按键
	正常 □ 故障 □	正常 □ 故障 □	正常 □ 故障 □
自动空调控制单元检查	有无故障码	故障码内容	
	有 □ 无 □		
空调压力传感器检查	制冷剂是否回收	熔断器 SC21 是否正常	空调压力传感器
	是 □ 否 □	是 □ 否 □	正常 □ 故障 □
温度传感器检查（以蒸发器温度传感器为例）	有无故障码 / 内容	蒸发器温度传感器电阻值是否随温度的变化而变化	蒸发器温度传感器
	有 □ 无 □ / （ ）	是 □ 否 □	正常 □ 故障 □

六、检查

（一）自检

结合本组任务操作过程，对任务执行过程中的操作规范性进行检查，检查操作过程中是否存在以下问题，分析讨论应如何避免并总结规范的操作方法（见表 15-6）。

表 15-6 自检

项目	结果
空调压力传感器、蒸发器温度传感器故障是否排除	是 □ 否 □
拆卸、诊断部位是否正确恢复	是 □ 否 □
是否更换或修复故障部件并检查空调系统工作状况	是 □ 否 □
工作场地是否清洁，车辆是否复位，工具是否归还	是 □ 否 □

（二）互检

组与组之间相互进行任务操作过程及结果检查，并将检查结果填写在表 15-7 中。

表 15-7 互检

项目	结果
空调压力传感器、蒸发器温度传感器故障是否排除	是 □ 否 □
拆卸、诊断部位是否正确恢复	是 □ 否 □
是否更换或修复故障部件并检查空调系统工作状况	是 □ 否 □
工作场地是否清洁，车辆是否复位，工具是否归还	是 □ 否 □

七、课堂小结

____

____

____

任务十六　自动空调执行元件检查与更换

<table>
<tr><td colspan="6">自动空调执行元件检查与更换任务工单</td></tr>
<tr><td>客户信息</td><td>姓名</td><td colspan="2"></td><td>电话</td><td></td></tr>
<tr><td rowspan="2">车辆信息</td><td colspan="2">车型</td><td colspan="2">VIN 码</td><td>行驶里程</td></tr>
<tr><td colspan="2"></td><td colspan="2"></td><td></td></tr>
<tr><td>客户描述</td><td colspan="5">空调系统保养 □　空调系统不制冷 □　鼓风机不运转 □
空调系统制冷效果差 □　冷却风扇不运转 □　冷却风扇运转不良 □
空调出风口温度无法调节 □　空调运转时伴有异响 □　空调异味 □
其他：</td></tr>
<tr><td colspan="3">车辆外观检查</td><td colspan="3">车辆内部检查</td></tr>
<tr><td>凹凸 □
划痕 □
石击 □
油漆 □</td><td colspan="2"></td><td>污渍 □
破损 □
色斑 □
变形 □</td><td colspan="2"></td></tr>
<tr><td>明确具体工作任务</td><td colspan="5"></td></tr>
<tr><td>任务目标</td><td colspan="5">● 能够对空调系统进行初步检查并确定各个执行元件的好坏
● 能够对自动空调执行元件进行拆装、检查与更换</td></tr>
<tr><td>任务内容</td><td colspan="5">● 自动空调双区温控的控制原理
● 自动空调通风与空气净化系统的构造与各个执行元件的安装位置
● 自动空调执行元件的检查方法</td></tr>
</table>

续表

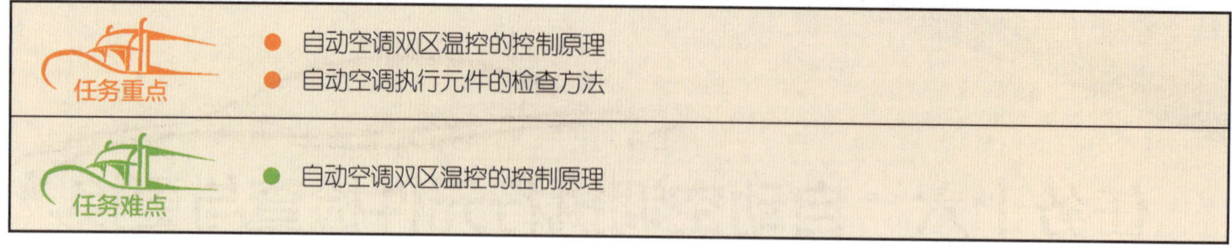

任务重点	● 自动空调双区温控的控制原理 ● 自动空调执行元件的检查方法
任务难点	● 自动空调双区温控的控制原理

一、知识讲解

（一）自动空调双区温控的控制原理

双区温控是指前排驾驶员与乘客可以根据自己的意愿实现左右区域的不同温度控制，如图 16–1 所示。

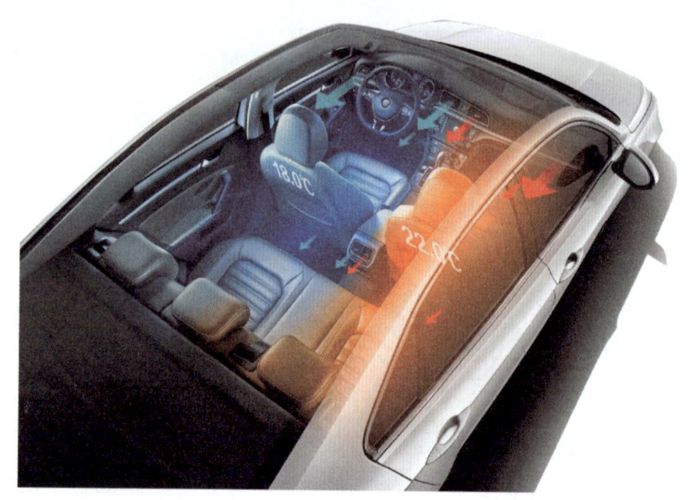

图 16-1　自动空调双区温控

通过自动空调控制面板上的 SYNC 按键可关闭和开启空调系统的双区温控功能，如图 16–2 所示。当按下 SYNC 按键时，其下方指示灯点亮，此时，转动左右任意一侧的调温旋钮，所有出风口温度都同时变化。

再次按下 SYNC 按键，其下方指示灯熄灭，此时，左侧温度调节旋钮只调节左半部分出风口温度，右侧温度调节旋钮只调节右半部分出风口温度。

图 16-2　空调控制面板

双区温控功能主要由空调通风与空气净化系统内部的左右调温翻板来实现，鼓风机将空气引入到通风与空气净化系统，先经过蒸发器降温，然后一部分空气再经过热交换器加热，左右两个调温翻板通过单独调节经过热交换器的热空气与未经过热交换器的冷空气的比例，来实现左右单独调温控制，如图 16–3 所示。

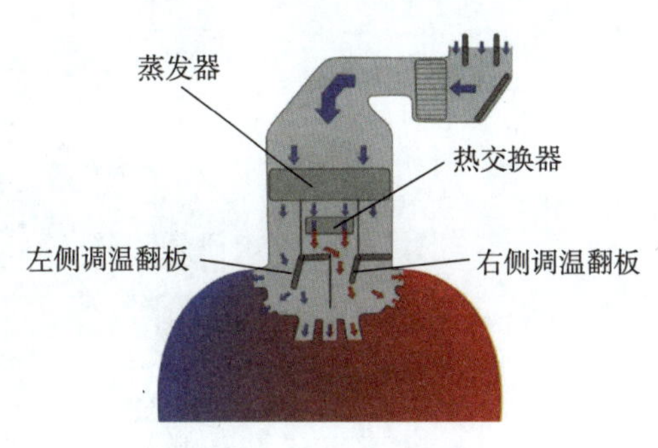

图 16–3 双区温控控制原理

（二）自动空调通风与空气净化系统的构造与各个执行元件的安装位置

自动空调系统的通风与空气净化系统和手动空调系统类似，都由鼓风机、蒸发器、热交换器、壳体和各调温翻板等组成，如图 16–4 所示。为了实现自动空调双区温控功能，达到智能、精确的控制效果，自动空调通风与空气净化系统安装有多个温度传感器和翻板伺服电动机，主要有除霜翻板伺服电动机、前部空气分配翻板伺服电动机、左侧温度翻板伺服电动机、右侧温度翻板伺服电动机、内外循环翻板伺服电动机和间接通风翻板伺服电动机等，其安装位置如图 16–5 所示。

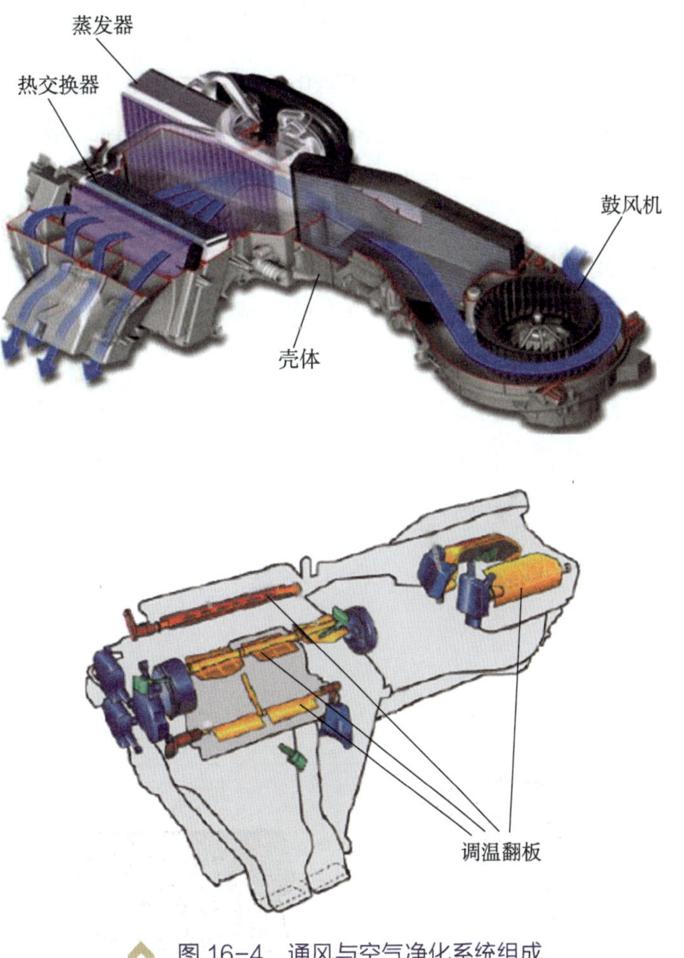

图 16–4 通风与空气净化系统组成

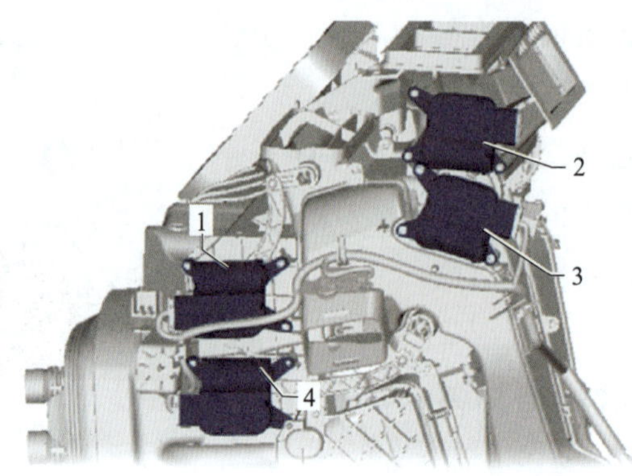

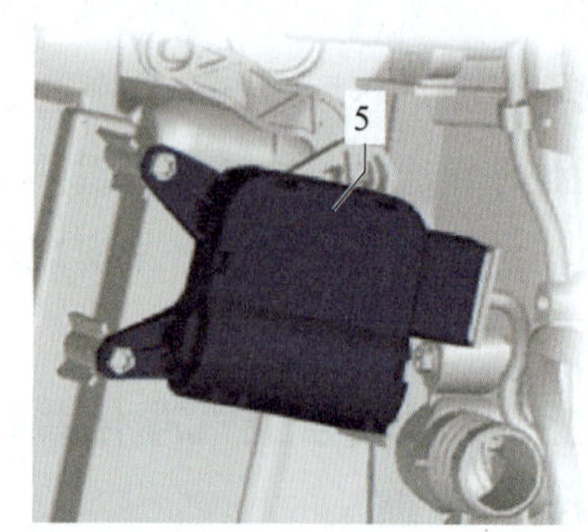

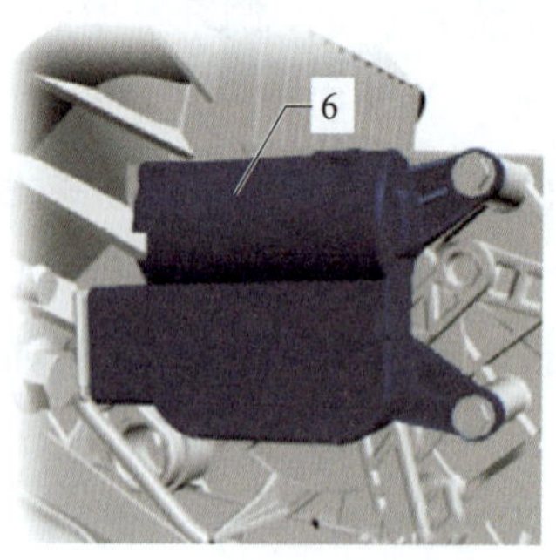

图 16-5　伺服电动机安装位置

1—除霜翻板伺服电动机　2—间接通风翻板伺服电动机　3—前部空气分配翻板伺服电动机

4—左侧温度翻板伺服电动机　5—右侧温度翻板伺服电动机　6—内外循环翻板伺服电动机

（三）自动空调执行元件的检查方法

自动空调执行元件除了通风与空气净化系统上的各个翻板伺服电动机之外，还有空调压缩机调节电磁阀和受发动机控制单元控制的冷却风扇等。

执行元件最常见的故障有线路损坏、电器元件损坏和机械损坏三种，通常线路损坏和电器元件损坏都会在自动空调控制单元内部储存相应的故障码，通过自诊断便可查出。若执行元件出现机械损坏，则需要通过执行元件测试或采用替代法进行检查。

二、任务准备

在完成本任务所需的物品下面打“√”号。

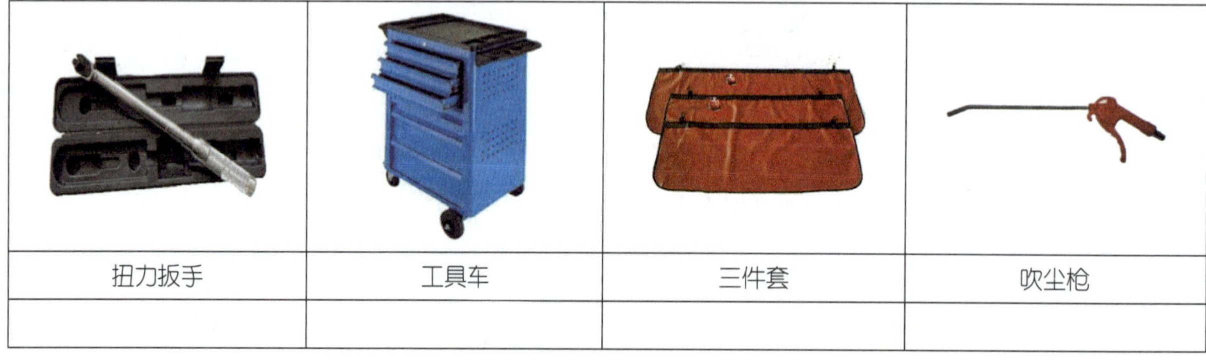

扭力扳手	工具车	三件套	吹尘枪

万用表	工作灯	工具套装	抹布
温度计	工作台	诊断仪	三件套

三、防护措施

➢ 进入车间应穿工鞋，戴工帽，工作服应整洁、无破损，操作时不可佩戴手表等金属饰品，以防划伤车辆表面。

➢ 启动或举升车辆时，应通知其他人员远离车辆或举升机，注意安全。

➢ 更换后的零配件及油液应按规定回收处理。

识别下列三幅车间操作图片，勾选出操作正确的图片。

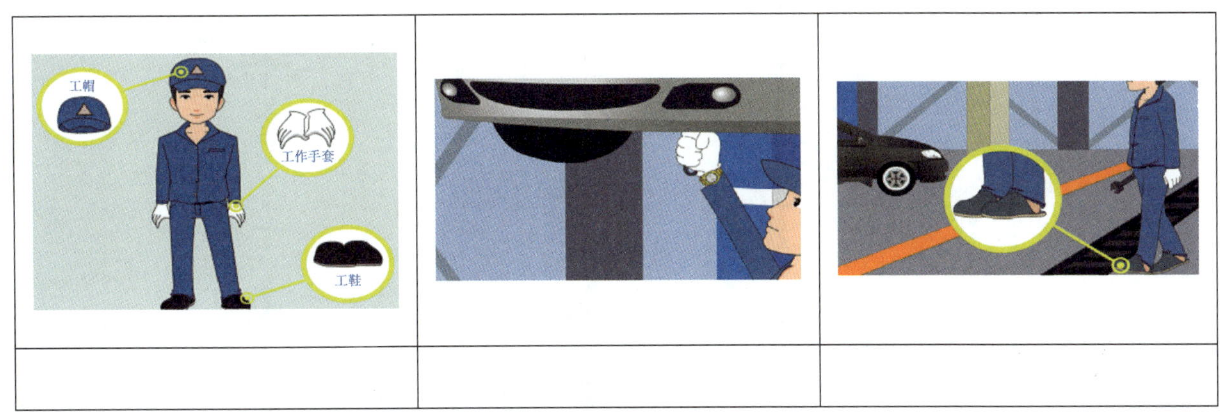

四、任务分配（见表 16-1）

表 16-1　任务分配表

职务	代码	姓名	工作内容
组长	A		监督、管理组员工作
组员	B		准备实训所需辅料及零配件
	C		
	D		准备实训所需工具及手册
	E		

五、任务实施

（一）操作步骤

结合图 16-6 和图 16-7 完成表 16-2 中工作内容的排序。

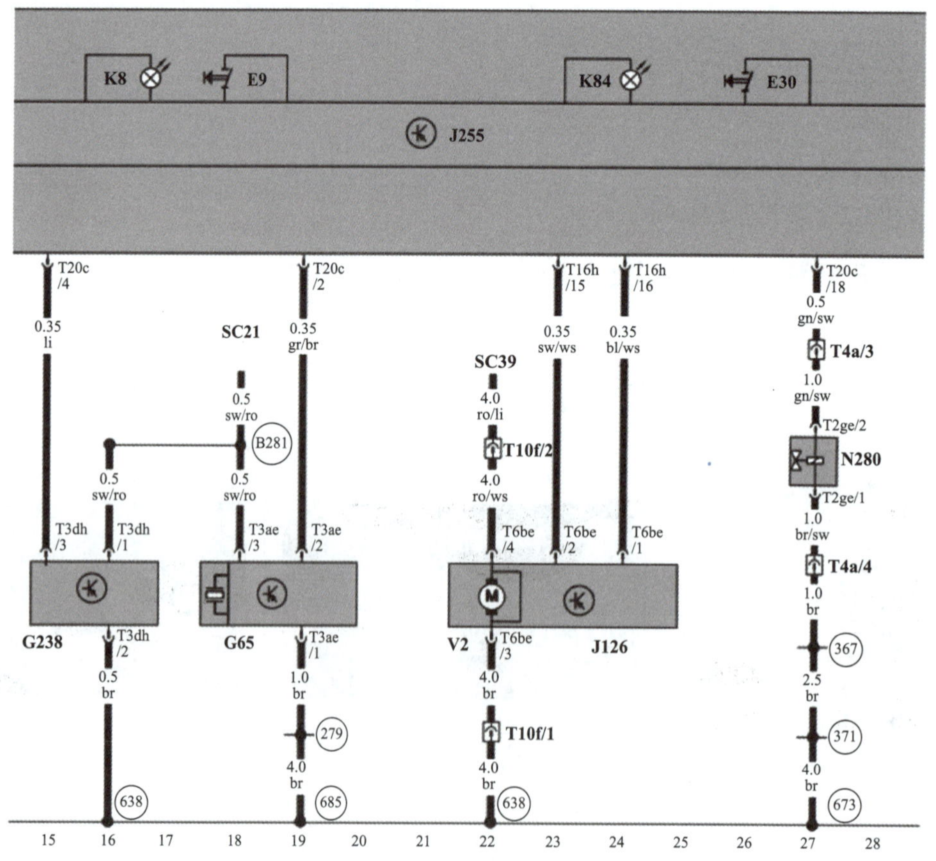

图 16-6　自动空调压缩机调节电磁阀控制电路图

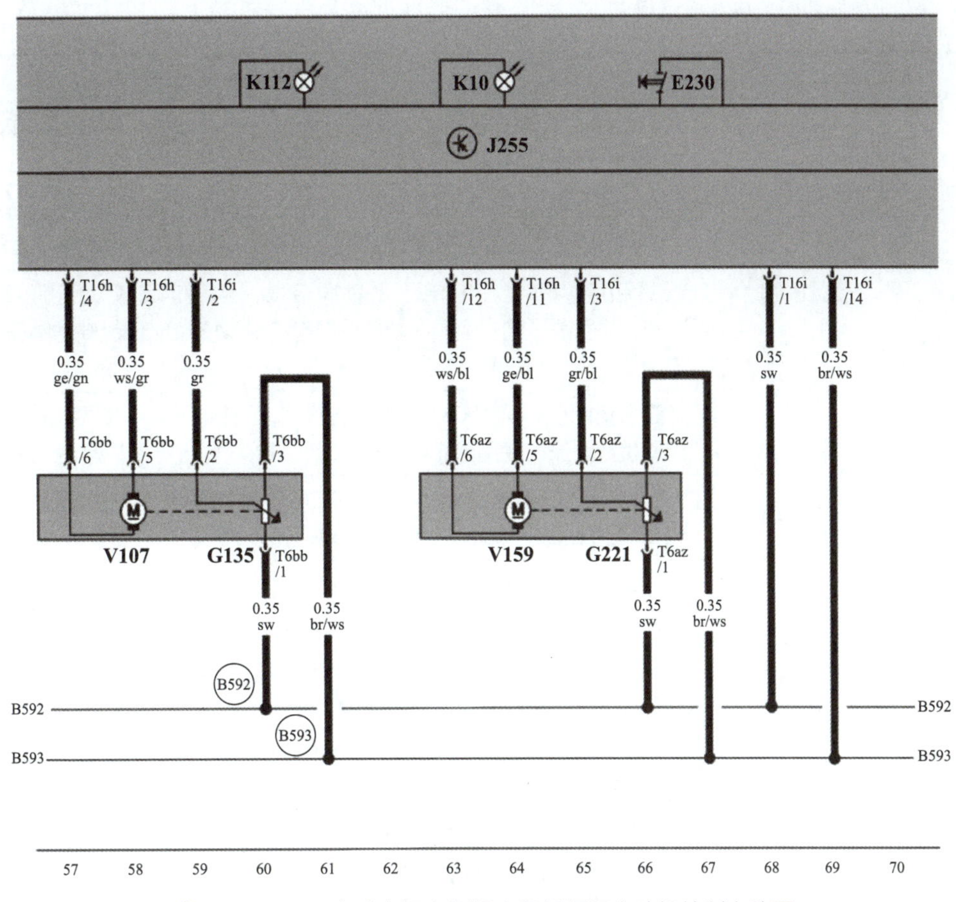

图 16-7　自动空调右侧温度翻板伺服电动机控制电路图

表 16-2　自动空调执行元件检查与更换操作步骤

序号	项目	顺序	工作内容
1	工作准备		铺设车内防护四件套
			打开发动机舱盖，铺设三件套
2	自动空调系统常规检查		分别检查风窗玻璃除霜、面部出风、脚部出风模式是否正常
			启动发动机并按下空调 max A/C 按键，使用出风口温度计测量面部出风口温度
			操作自动空调控制面板上的各个按键，检查鼓风机风速调节、左右侧温度调节、双区同步温控等功能是否正常
			连接诊断仪，检查自动空调控制单元有无故障码
3	空调压缩机调节电磁阀检查		连接诊断仪，读取 08 空调系统控制单元故障码，并读取压缩机状态数据流（数据流都要读取）
			关闭发动机，拔下自动空调控制单元的 T20c 号插接器，同时拔下压缩机调节电磁阀的插接器
			启动发动机，打开空调开关，使用万用表测量压缩机调节电磁阀 N280 的 T2ge/2 号端子的电压
			测量自动空调控制单元 J255 的 T20c/18 号端子到压缩机调节电磁阀 N280 的 T2ge/2 号端子之间线束的电阻值
			测量压缩机调节电磁阀 N280 的 T2ge/1 号端子到搭铁之间线束的电阻值

续表

序号	项目	顺序	工作内容
4	右侧温度翻板伺服电动机检查		测量自动空调控制单元 J255 的 T16h/11 号端子到右侧温度翻板伺服电动机 V159 的 T6az/5 号端子之间线束的电阻值
			拆卸手套箱及脚部出风口，并拆下右侧温度翻板伺服电动机的固定螺栓，将插接器从右侧温度翻板伺服电动机上脱开，并将右侧温度翻板伺服电动机取出
			拆卸自动空调控制单元及其插接器，测量自动空调控制单元 J255 的 T16h/12 号端子到右侧温度翻板伺服电动机 V159 的 T6az/6 号端子之间线束的电阻值
			连接诊断仪，读取 08 空调系统控制单元故障码，并读取右侧温度翻板伺服电动机数据流，使用诊断仪诊断右侧温度翻板伺服电动机是否正常
			测量自动空调控制单元 J255 的 T16i/3 号端子到右侧温度翻板伺服电动机 V159 的 T6az/2 号端子之间线束的电阻值
			测量自动空调控制单元 J255 的 T16i/1 号端子到右侧温度翻板伺服电动机 V159 的 T6az/1 号端子之间线束的电阻值
			测量自动空调控制单元 J255 的 T16i/14 号端子到右侧温度翻板伺服电动机 V159 的 T6az/3 号端子之间线束的电阻值
			测量右侧温度翻板伺服电动机 V159 的 T6az/5 号和 T6az/6 号端子之间的电阻值，正常应为 50 Ω 左右
			测量右侧温度翻板伺服电动机 V159 的 T6az/1 号和 T6az/3 号端子之间的电阻值，正常应为 4.8 kΩ 左右
5	安装及基本设定		安装右侧温度翻板伺服电动机及插接器
			连接诊断仪，进入引导性功能，对右侧温度翻板伺服电动机进行基本设定
			旋转右侧温度调节旋钮，检查右侧温度翻板的功能
6	验证故障是否排除，整理		启动发动机，打开空调开关，检查空调制冷功能是否正常，并测量右侧出风口温度
			撤去防护用品

（二）实施记录

根据实际操作情况，完成表 16–3 的填写。

表 16–3　实施记录单

自动空调系统常规检查	风窗玻璃除霜模式	面部出风模式 / 温度	脚部出风模式
	正常 □　故障 □	正常 □　故障 □ / （　）℃	正常 □　故障 □
	鼓风机风速调节	左侧温度调节	右侧温度调节
	正常 □　故障 □	正常 □　故障 □	正常 □　故障 □
	双区同步温控	A/C 按键	OFF 按键
	正常 □　故障 □	正常 □　故障 □	正常 □　故障 □
自动空调控制单元检查	有无故障码	故障码内容	
	有 □　无 □		

续表

<table>
<tr><td rowspan="2">压缩机调节电磁阀检查</td><td>压缩机调节电磁阀的 T2ge/2 号端子电压</td><td>自动空调控制单元的 T20c/18 号端子到压缩机调节电磁阀的 T2ge/2 号端子之间线束的电阻值</td><td>压缩机调节电磁阀的 T2ge/1 号端子到搭铁之间线束的电阻值</td></tr>
<tr><td>有 □　无 □</td><td></td><td></td></tr>
<tr><td rowspan="2">右侧温度翻板伺服电动机检查</td><td>右侧温度翻板伺服电动机</td><td rowspan="2">故障是否排除验证</td><td>空调制冷功能 / 右侧出风口温度</td></tr>
<tr><td>正常 □　故障 □</td><td>正常 □　故障 □ / （　）℃</td></tr>
</table>

六、检查

（一）自检

结合本组任务操作过程，对任务执行过程中的操作规范性进行检查，检查操作过程中是否存在以下问题，分析讨论应如何避免并总结规范的操作方法（见表 16–4）。

表 16–4　自检

项目	结果
自动空调执行元件不工作及功能失效故障是否排除	是 □　否 □
拆卸、诊断部位是否正确恢复	是 □　否 □
是否进行基本设定并验证排除的故障	是 □　否 □
工作场地是否清洁，车辆是否复位，工具是否归还	是 □　否 □

（二）互检

组与组之间相互进行任务操作过程及结果检查，并将检查结果填写在表 16–5 中。

表 16–5　互检

项目	结果
自动空调执行元件不工作及功能失效故障是否排除	是 □　否 □
拆卸、诊断部位是否正确恢复	是 □　否 □
是否进行基本设定并验证排除的故障	是 □　否 □
工作场地是否清洁，车辆是否复位，工具是否归还	是 □　否 □

七、课堂小结

____

____

____